Birgit Sauter / Gerhard Sauter

A W T

Arbeit - Wirtschaft - Technik

6. Jahrgangsstufe

ISBN 978-3-89291-**597-3**

PREISE STAND 2016
AKTUELLE PREISE AUF PB-VERLAG.DE

5./6. JAHRGANGSSTUFE

M. u. E. HIRMER
Im Buch blättern

ERFOLGREICH UND KREATIV D. ALLE AUFSATZARTEN 5./6. JAHRGANGSSTUFE BD.I

88 SEITEN, DIN A4
STUNDENBILDER MIT KOPIERVORLAGEN
BEST.NR.: 598 18,90 €

M. u. E. HIRMER
Im Buch blättern

ERFOLGREICH UND KREATIV D. ALLE AUFSATZARTEN 5./6. JAHRGANGSSTUFE BD.II

84 SEITEN, DIN A4
STUNDENBILDER MIT KOPIERVORLAGEN
BEST.NR.: 599 18,90 €

J. BIESEMANN
Im Buch blättern

IN FÜNF SCHRITTEN ZUM INDIVIDUELLEN ERZÄHLEN 5./6. JAHRGANGSSTUFE

27 SEITEN, DIN A4
KOPIERVORLAGEN
BEST.NR.: 096 8,90 €

M. u. E. HIRMER
Im Buch blättern

ERFOLGREICH UND KREATIV D. ALLE AUFSATZARTEN 5./6. JAHRGANGSSTUFE BD.III

84 SEITEN, DIN A4
STUNDENBILDER MIT KOPIERVORLAGEN
BEST.NR.: 665 18,90 €

M. u. E. HIRMER
Im Buch blättern

ERFOLGREICH UND KREATIV D. ALLE AUFSATZARTEN 5./6. JAHRGANGSSTUFE BD.IV

82 SEITEN, DIN A4
STUNDENBILDER MIT KOPIERVORLAGEN
BEST.NR.: 666 18,90 €

BLEIZIFFER/RUPPRECHT

AUFSATZ 5./6. JAHRGANGSSTUFE BD.II ERZÄHL.DARSTELLUNGSFORMEN

130 SEITEN, DIN A4
STUNDENBILDER MIT KOPIERVORLAGEN
BEST.NR.: 243 9,90 €

REDUZIERT

7.-10. JAHRGANGSSTUFE

KARL-HANS SEYLER
Im Buch blättern

KOMPETENT INHALTE WIEDERGEBEN 7.-10. JAHRGANGSSTUFE

116 SEITEN, DIN A4
KOPIERVORLAGEN
BEST.NR.: 380 22,90 €

KARL-HANS SEYLER
Im Buch blättern

KOMPETENT STELLUNG NEHMEN 7.-9. JAHRGANGSSTUFE

82 SEITEN, DIN A4
KOPIERVORLAGEN
BEST.NR.: 668 19,90 €

KARL-HANS SEYLER
Im Buch blättern

KOMPETENT ERÖRTERN - FREIE ERÖRTERUNG 9./10. JAHRGANGSSTUFE

98 SEITEN, DIN A4
KOPIERVORLAGEN
BEST.NR.: 378 19,90 €

D Name: ______ Datum: ______

Inhaltsangabe
Zwei Männer (Günther Weisenborn)

Arbeitsaufgaben:
❶ Formuliere einen aussagekräftigen Basissatz.
❷ In welche sechs großen Abschnitte kann man diese Kurzgeschichte einteilen?
❸ Verfasse eine knappe Inhaltsangabe.

Zeichnung: Anne-Christin Weber

zu ❶
In der Kurzgeschichte „Die zwei Männer", die vom Autor Günther Weisenborn verfasst wurde, geht es um einen Farmer und seinen Peon, die bei einer Überschwemmung des Paraná in Argentinien um ihr Leben kämpfen müssen. Die Zeit, in der diese Geschichte spielt, ist nicht bekannt.

zu ❷
1. Die Vernichtung der Existenz des Farmers durch die Überschwemmung des Paraná
2. Der Paraná als gefährlichster Gegner des Menschen in Argentinien
3. Bedrohung des Farmers und seines Peon durch die steigenden Wassermassen
4. Der geplante Mordversuch des Peon an seinem Herrn
5. Der Selbstmordversuch des Peon
6. Die Rettung

zu ❸
Nach heftigen Regengüssen steht das Land um Santa Sabina unter Wasser. Die Tee- und Maisfelder eines Farmers sind durch die Wassermassen des Paraná vernichtet. Der Peon, ein Indio, hat Frau und Kind verloren, beide sind ertrunken. Die zwei Männer ziehen sich zum Haus des Farmers zurück. Langsam und bedrohlich steigen die Fluten des Paraná, so dass die beiden gezwungen sind, in der anbrechenden Dunkelheit auf das Schilfdach zu klettern. Die Hausmauern geben den Wassermassen nach und das sich langsam auflösende Dach treibt in den Strom hinaus. Der Peon denkt, alleine bessere Überlebenschancen zu haben und will den Farmer vom Dach herunterstoßen, aber er führt sein Vorhaben nicht aus, weil ihm sein Herr die Hälfte seiner letzten Zigarette reicht. Aufgrund dieser Aktion springt der Peon selbst ins Wasser, in dem es von Kaimanen wimmelt. Der Farmer aber zieht den Indio heraus und herrscht ihn an, solchen Unsinn zu unterlassen. Am nächsten Tag treiben sie an Land und sind gerettet. Der Farmer sagt zu seinem Peon, dass sie morgen wieder von vorne anfangen werden, worauf der Indio zustimmt.

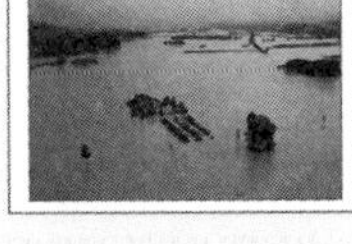

Michael Sailer (M8)

Begründete Stellungnahme
Warum ist Taschengeld notwendig?

Stoffsammlung/Stoffordnung
Erstelle eine **lose Stichwortsammlung** in Form eines Clusters.

Massentourismus – Fluch oder Segen?
Gliederung

A. Einleitung
- Trotz steigender Preise anhaltender Urlaubsboom
- Negativbeispiel „Ballermann 6" Mallorca

B. Hauptteil
I. Segen (These)
1. Förderung interkultureller Kontakte
2. Entstehung neuer Arbeitsplätze
3. Erholung für den Urlauber
4. Verbesserung der Sprachkenntnisse
5. Kennenlernen neuer Länder und Kulturen

II. Fluch (Antithese)
1. Zerstörung von Naturlandschaften
2. Abhängigkeit der Urlaubsländer vom Tourismus
3. Überfremdung
4. Umwelt- und Luftverschmutzung
5. Veränderung der einheimischen Kultur
6. Veränderung gewachsener Werte

III. Sanfter Tourismus (Synthese)

C. Schluss
- Urlaub zu Hause – auch reizvoll
- Fernreisen sind weiterhin im Trend

KARL-HANS SEYLER

KOPIERHEFT AUFSATZ 9./10. JAHRGANGSSTUFE

96 SEITEN, DIN A4
KOPIERVORLAGEN
BEST.NR.: 485 9,90 €

REDUZIERT

KARL-HANS SEYLER

AUFSATZERZIEHUNG 9./10. JAHRGANGSSTUFE

160 SEITEN, DIN A4
STUNDENBILDER MIT KOPIERVORLAGEN
BEST.NR.: 865 9,90 €

REDUZIERT

Vorwort

AWT – ein neues Fach in der Hauptschule? Nein, denn sein Vorläufer war bereits unter dem Namen Arbeitslehre in den Jahrgangsstufen 7 bis 10 bekannt. Allerdings ein Fach mit neuen Schwerpunkten und Akzenten. Es werden nicht nur der Bereich Arbeit, sondern zunehmend auch wirtschaftliche und technische Zusammenhänge in Schule, Haushalt und Beruf beleuchtet. Zudem beginnt AWT bereits in der 5. Jahrgangsstufe, um nahtlos an den Lehrplan der 4. Klasse Grundschule anzuknüpfen. Im Heimat- und Sachkundeunterricht spielen auch Erkundungen schon eine wesentliche Rolle, Themen wie Taschengeld und Werbung kommen bereits vor.

Damit vollzieht man nicht nur den absolut notwendigen Lückenschluss mit der Neu-Einführung von AWT in den 5. und 6. Jahrgangsstufen, sondern legt auch Wert auf eine verstärkte Kooperation zwischen dem Leitfach AWT und dem arbeitspraktischen Fach WTG. Der vertiefte Praxisbezug soll vor allem den Schülern helfen, erworbene Methodenkompetenzen erfolgreich anzuwenden.

Vor allem für Kolleginnen und Kollegen, die auf wenig bzw. gar keine Erfahrungen mit dem alt bewährten Fach Arbeitslehre der Jahrgangsstufen 7 bis 10 zurückgreifen können, soll dieses Arbeitsheft den Einstieg in dieses neue und spannende Fach erleichtern.

Sofort einsetzbare Unterrichtsmaterialien sowie eine Vielzahl weiterer Anregungen sollen helfen, Bedenken und Vorbehalte nicht nur gegenüber einem neuen, sondern gerade auch gegenüber einem einstündig zu unterrichtenden Fach abzubauen.

Zum jeweiligen Schülerbuch stellt dieses neue Arbeitsheft mehr als nur eine Ergänzung dar, da die meisten Kopievorlagen auch zielgerichtete Stundenbilder und Lösungsvorschläge bieten.

Einen erfolgreichen Start in das neue Fach AWT wünscht Ihnen
Ihr Autorenteam

Birgit und Gerhard Sauter

Inhaltsverzeichnis

THEMA

Arbeit im persönlichen Haushalt

LERNZIELE

- Wissen, welche Tätigkeiten in einem Haushalt anfallen
- Haushaltstätigkeiten näher beschreiben und den einzelnen Familienmitgliedern sinnvoll zuordnen
- Die Notwendigkeit der gerechten Aufgabenteilung in jedem Haushalt begreifen

ARBEITSMITTEL / MEDIEN / LITERATURHINWEISE

- Folie 1 (Tafelbild), Folie 2 (Aufgaben der Kinder)
- Bilder für die Tafel (Familie Fischer; Peter beim Schuhe putzen)

TAFELBILD / FOLIEN

Welche Tätigkeiten fallen im Haushalt Fischer an?

Papa Fischer
Reparaturen
Tisch decken
spülen
schwere Garten-
arbeit

Susanne
beim Tischdecken helfen
Mülleimer leeren
Spielsachen aufräumen
eig. Zimmer aufräumen

Peter
Schuhe putzen
Wäsche zusammenlegen
abtrocknen
Staub wischen

Mama Fischer
Essen zubereiten
bügeln
Wäsche waschen
Einkäufe erledigen

➪ **Bei der Hausarbeit kann jeder seinen Beitrag leisten. Auch Kinder sollen je nach Alter bestimmte Tätigkeiten verrichten.**

Folie 2

Diese Aufgaben können Kinder übernehmen:

+ Im Kindergartenalter: Spielsachen aufräumen, beim Tischdecken helfen, einfache Wäschestücke zusammenlegen ...

+ Im Grundschulalter: Schuhe putzen, das Zimmer aufräumen, Staub saugen, Waschbecken reinigen ...

+ Ab 12 Jahren: Frühstück zubereiten, Spülmaschine ein- und ausräumen, einkaufen, bügeln, einfache Speisen zubereiten, Bad putzen ...

STUNDENBILD

I. Hinführung

Stummer Impuls	Bild 1 TA	Familie Fischer SSS: Hier ist eine Familie dargestellt. L: Das ist Familie Fischer Papa Fischer, Susanne (5 Jahre), Peter (9 Jahre) und Mama Fischer.
Stummer Impuls	Bild 2 TA	Peter SSS: Und das ist Peter beim Schuhe putzen.
Impuls		L: In einem Haushalt fallen viele „Arbeiten“ an.
Zielangabe	TA	Welche Tätigkeiten fallen im Haushalt Fischer an?

II. Erarbeitung

		L: Überlege dir mit deinem Partner, welche Tätigkeiten in diesem Haushalt anfallen. Denke an deine eigene Familie.
	WOKA	SSS: notieren Tätigkeiten auf Wortkarten
	TA	Sammeln der Lösungen L: Versuchen wir einmal, all diese Tätigkeiten gerecht auf die Familienmitglieder zu verteilen.
	TA	SSS verteilen WOKA

III. Sicherung

	TA / Folie 1	SSS übemehmen TA / Folie 1 als Eintrag L: Unter den Eintrag kannst du nun deine eigene Familie aufzeichnen und dir überlegen, wie bei euch die Aufgaben verteilt sind.

IV. Vertiefung

LSG		L: Was stellst du fest, wenn du deine eigene Familie bzw. die Aufgabenverteilung betrachtest? Sind die Aufgaben gerecht verteilt?
	Folie 2	L: Sollen Kinder im Haushalt tatsächlich mithelfen? SSS: überlegen und betrachten Folie2

Bild 1

Bild 2

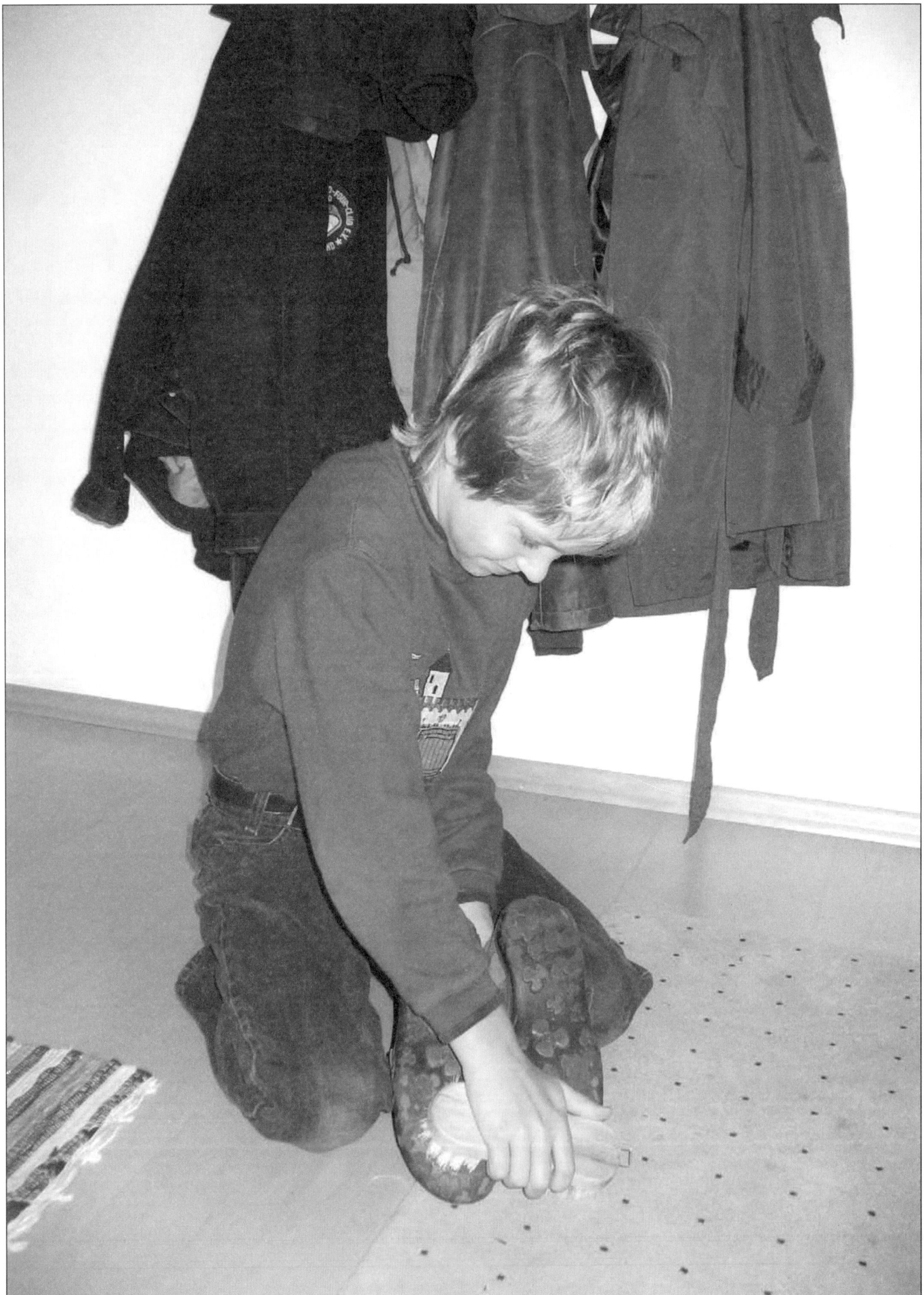

THEMA

Nicht jeder Haushalt ist gleich

LERNZIELE

- Wissen, dass man unter Einzelpersonen- und Mehrpersonenhaushalt unterscheiden kann
- Vor- und Nachteile der einzelnen Haushaltsformen kennen
- Veränderungen der privaten Haushalte im Vergleich zu früher kennen

ARBEITSMITTEL / MEDIEN / LITERATURHINWEISE

- Folien 1/2 (Familien mit drei bzw. vier Personen), Folie 3 (Singlehaushalt), Folie 4 (Tafelbild) Folie 5 (Globus-Grafik: Von der Großfamilie zur Kleinfamilie)
- Arbeitsblatt

TAFELBILD / FOLIEN

Nicht jeder Haushalt ist gleich

Mehrpersonenhaushalt	Einpersonenhaushalt
• es gibt kaum Rückzugspunkte für einzelne Familienmitglieder	• viel Wohnraum für eine Person
• anfallende Arbeiten können sinnvoll und verantwortlich verteilt werden	• muss alle Arbeiten alleine erledigen
• muss regelmäßig größere Mengen einkaufen	• benötigt kleinere Mengen für den täglichen Bedarf
• muss Essen für mehrere Personen zubereiten	• muss nur für eine Person kochen
• die einzelnen Familienmitglieder sind auf gegenseitige Rücksichtnahme angewiesen	• muss kaum auf andere Rücksicht nehmen
• weniger Zeit für anfallende Arbeiten	• kann die anfallenden Hausarbeiten in Ruhe erledigen
• manchmal kommt man sich in die Quere	• hat wenig Gesprächspartner

➪ **Haushalte unterscheiden sich durch die Anzahl der Personen und die Art und Weise, wie sie zusammenleben.**

STUNDENBILD

I. Hinführung

Stummer Impuls	Folien 1/2	
		SSS: Hier sind verschiedene Familien dargestellt.
Impuls		L: Ich sehe eine Familie, die aus drei Personen und eine, die aus vier Personen besteht.
		L: Und wie ist es bei folgenden Bildem?
		Es gibt verschiedene Haushalts- und Familienformen
Zielangabe	TA	Nicht jeder Haushalt ist gleich

II. Erarbeitung

	Folie 3	Singlehaushalt
		Begriffsklärung: Single- und Mehrfamilienhaushalt
		L: Überlege dir mit deinem Partner, worin sich diese Haushalte unterscheiden.
	Arbeitsblatt	L: Ordne die Texte dem entsprechenden Haushalt zu.
		SSS ordnen zu
	WOKA	Lösungsbesprechung anhand Zuordnung von WOKA an der Tafel
		Sammeln der Lösungen

III. Sicherung

	TA / Folie 4	SSS übernehmen TA / Folie 4 als Eintrag

IV. Vertiefung

LSG		L: Was stellst du fest, wenn du deine eigene Familie betrachtest?
		SSS: Es gibt bei jeder Haushaltsform Vor- und Nachteile.
	Folie 5	Grafik: Entwicklung der Ein- und Mehrpersonenhaushalte
		SSS äußern sich

AWT	Name	Klasse	Datum	Nr.

Nicht jeder Haushalt ist gleich

muss auf andere kaum Rücksicht nehmen	manchmal kommt man sich in die Quere
kann die anfallenden Hausarbeiten in Ruhe erledigen	hat wenig Gesprächspartner
muss nur für eine Person kochen	weniger Zeit für anfallende Arbeiten
die einzelnen Familienmitglieder sind auf gegenseitige Rücksichtnahme angewiesen	muss Essen für mehrere Personen zubereiten
muss alle Arbeiten alleine erledigen	anfallende Arbeiten können sinnvoll und verantwortlich verteilt werden
es gibt kaum Rückzugsmöglichkeiten für einzelne Familienmitglieder	viel Wohnraum für eine Person
benötigt kleinere Mengen für den täglichen Bedarf	muss regelmäßig größere Mengen einkaufen

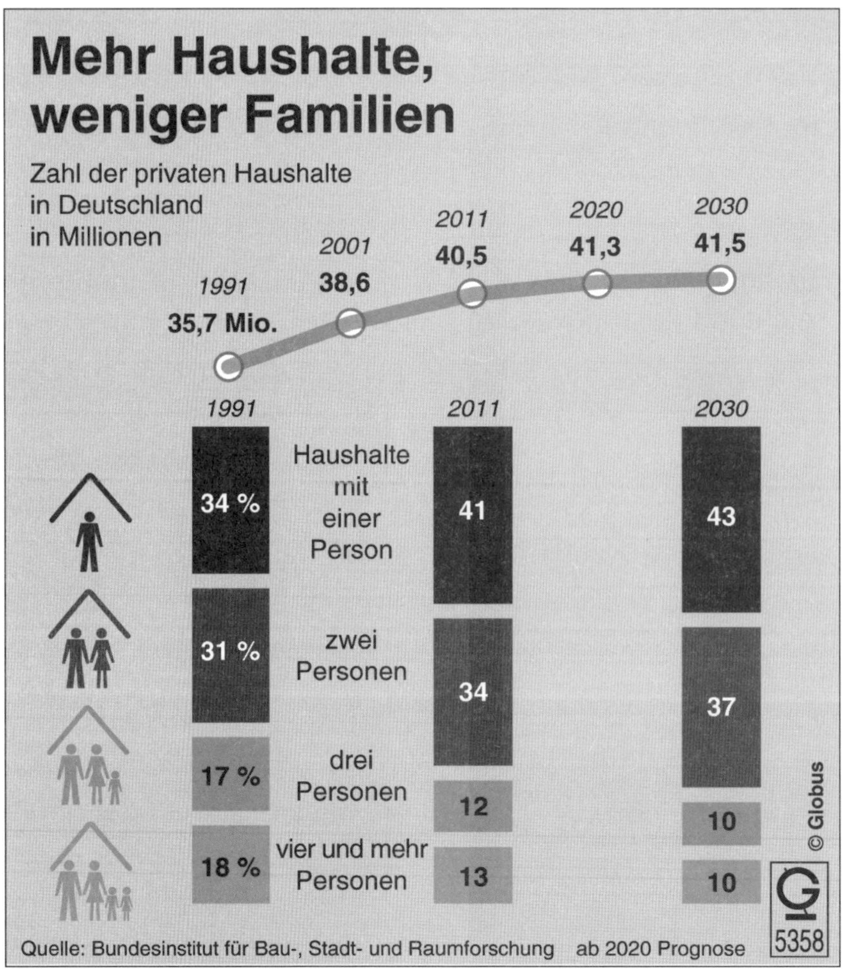
Mehr Haushalte, weniger Familien
Zahl der privaten Haushalte in Deutschland in Millionen
1991
35,7 Mio.
2001
38,6
2011
40,5
2020
41,3
2030
41,5
1991
2011
2030
Haushalte mit einer Person
34 %
41
43
zwei Personen
31 %
34
37
drei Personen
17 %
12
10
vier und mehr Personen
18 %
13
10
© Globus
5358
Quelle: Bundesinstitut für Bau-, Stadt- und Raumforschung
ab 2020 Prognose

THEMA

Ist Hausarbeit richtige Arbeit?

LERNZIELE
- Wissen, welche Eigenschaften Arbeit hat (Wiederholung AWT 5)
- Haushaltstätigkeiten den Eigenschaften zuordnen können
- Erkennen, dass auch Erziehungsarbeit richtige Arbeit ist

ARBEITSMITTEL / MEDIEN / LITERATURHINWEISE
- Folie 1 (Auseinandersetzung), Folie 2 (Tafelbild), Folie 3 (Diskussion)
- Arbeitsblatt

TAFELBILD / FOLIEN

Ist Hausarbeit richtige Arbeit?

Das Putzen der Wohnung hat ein klares Ziel: es soll sauber sein.

➪ zielgerichtete Arbeit

⇩

Das Kochen der Mahlzeiten muss geplant werden.

➪ planvolle Arbeit

⇩

Das Bügeln der Kleidung ist anstrengend und erfordert Konzentration.

⇩

Jede Tätigkeit, die im Haushalt durchgeführt wird, geschieht bewusst.

⇩

Waschen, kochen, bügeln usw. finden an verschiedenen Arbeitsplätzen statt.

➪ **Hausarbeit ist richtige Arbeit.**

STUNDENBILD

I. Hinführung

Stummer Impuls	Folie 1	L: Vielleicht kennst du eine derartige Szene auch von Zuhause. SSS: Das sind Mutter und Vater. Sieht so aus, als ob die beiden sich streiten. Die Mutter behauptet, dass Hausarbeit auch richtige Arbeit ist!
Zielangabe	TA	Ist Hausarbeit richtige Arbeit?

II. Erarbeitung

		SSS vermuten
	Arbeitsblatt	
		L: Ich habe dir ein Beispiel mitgebracht, welches uns vielleicht weiterhelfen kann. Über die Arbeit von Herrn Fischer, einem Maschinenbauer, lässt sich Folgendes sagen: SSS lesen Fallbeispiel SSS erarbeiten die Gegenseite und vergleichen die Arbeit von Herrn Fischer mit der von seiner Frau.
	TA / Folie 2	Sammeln der Lösungen
	Merksatz TA	Hausarbeit ist richtige Arbeit.

III. Sicherung

		SSS übernehmen TA als Eintrag

IV. Vertiefung

LSG	Folie 3	L: Sicher kennst du folgende Diskussionen auch. SSS lesen L: Sind derartige Diskussionen auch Arbeit? SSS: eigene Meinung
Begriffsklärung		L: Man spricht hier von Erziehungsarbeit.

AWT	Name	Klasse	Datum	Nr.

____

Herr Fischer arbeitet als Maschinenbauer	**Frau Fischer ist Hausfrau**
⇩	
Er arbeitet mit dem Ziel, dass die Maschinen funktionieren. ➪ zielgerichtete Arbeit	______________________ ______________________ ➪ ____________________
⇩	
Seine Arbeit erfolgt nach einem Bauplan und geplanten Arbeitsschritten. ➪ planvolle Arbeit	______________________ ______________________ ______________________ ➪ ____________________
⇩	
Das Montieren einzelner Bauteile erfordert Ausdauer und Konzentration.	______________________ ______________________
⇩	
Jeder Handgriff geschieht bewusst.	______________________ ______________________
⇩	
Die Montage der Maschine findet an verschiedenen Arbeitsplätzen statt.	______________________ ______________________ ______________________

➪ ____

Folie 1:
Auseinandersetzung: Herr Fischer / Frau Fischer

Folie 3:
Diskussion: Party am Wochenende

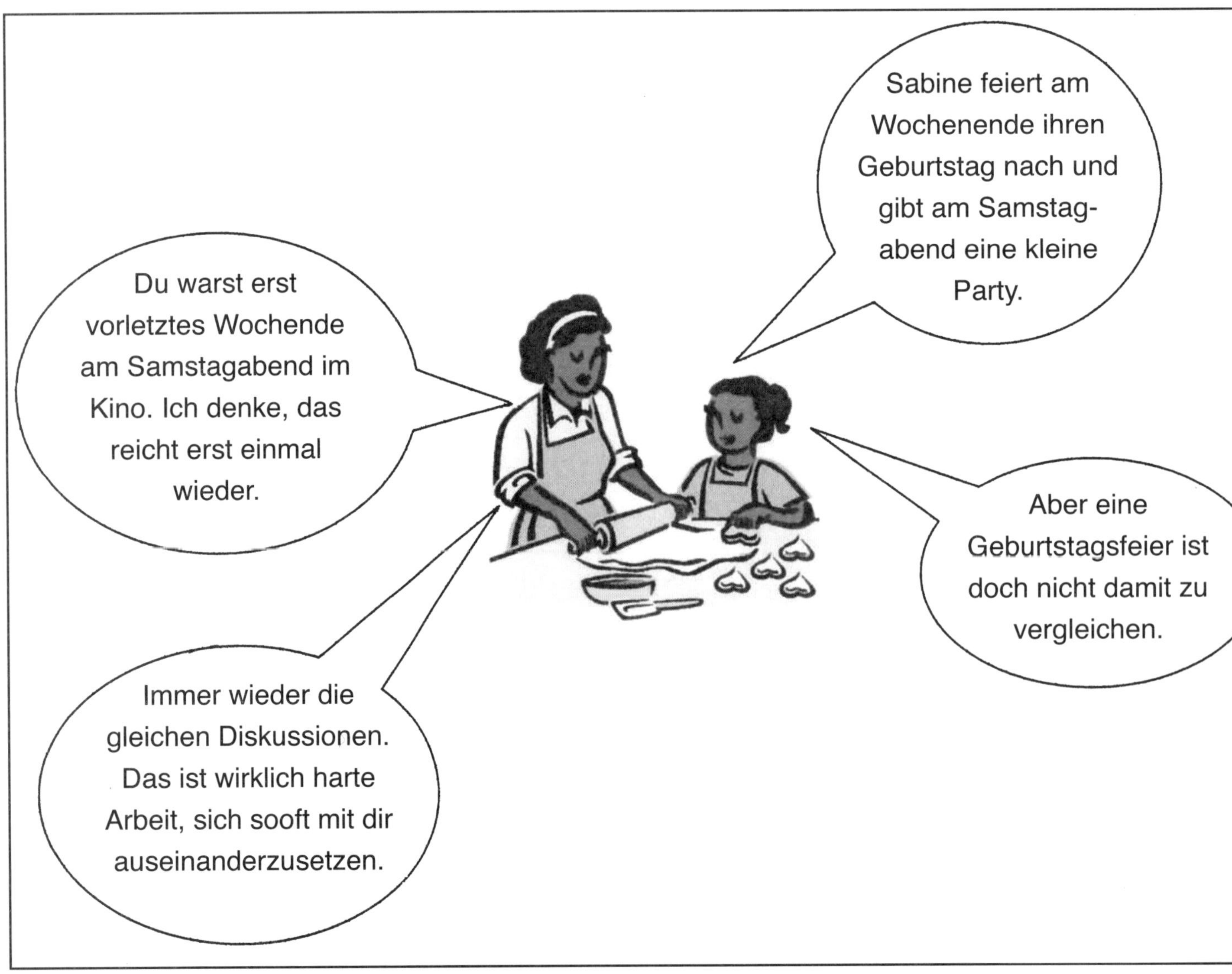

THEMA Welche unterschiedlichen Familienformen gibt es?

LERNZIELE

- Wissen, welche Familienformen es gibt
- Merkmale der unterschiedlichen Familienformen erkennen
- Familienformen vergleichen und Entwicklungen ableiten können

ARBEITSMITTEL / MEDIEN / LITERATURHINWEISE

- Folie 1 (Grafik: Deutschlands Familien), Folie 2 (Tafelbild), Folie 3 (Globus: Lebensformen)
- Arbeitsblatt

TAFELBILD / FOLIEN

Welche unterschiedlichen Familienformen gibt es?

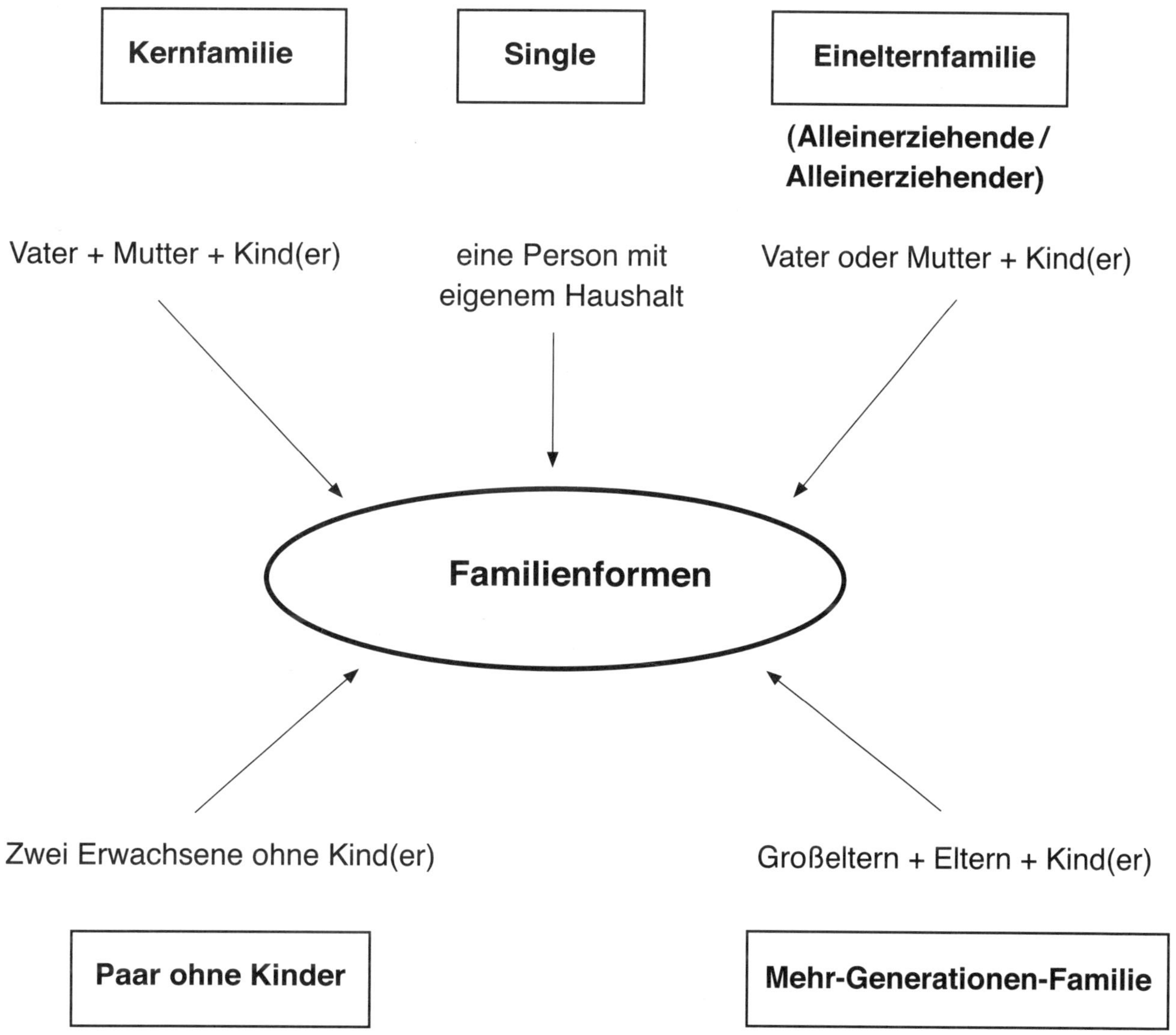

STUNDENBILD

I. Hinführung

Stummer Impuls	Folie 1	Grafik: Deutschlands Familien SSS: Hier sind Familien in Deutschland dargestellt. Es gibt Familien mit einem Kind ... L: Es gibt verschiedene Familienformen
Zielangabe	TA	Welche unterschiedlichen Familienformen gibt es?

II. Erarbeitung

Arbeitsaufträge		L: Überlege dir mit deinem Partner, welche Familienformen du genau erkennen kannst.
	AB	L: Auf dem Arbeitsblatt sind fünf Familienformen beschrieben. SSS lesen und bearbeiten Arbeitsaufträge in Partnerarbeit
	TA	Sammeln der Lösungen an der Tafel / Folie

III. Sicherung

	TA / Folie 2	SSS übernehmen TA / Folie 2 als Eintrag L: Überlege dir, in welcher Familienform du lebst. Schreibe sie unter den Eintrag und überlege dir Vor- und Nachteile dazu.

IV. Vertiefung

	Folie 3	Grafik: Lebensformen
LSG		L: Was stellst du fest, wenn du diese Grafik betrachtest? SSS lesen Entwicklungen ab und versuchen diese zu interpretieren. L: Probleme?
Impuls		L: Eine Familienform kommt nicht im Text, dafür aber immer häufiger in der Realität vor. Man nennt sie Patchworkfamilie. SSS versuchen zu erklären
LSG		L: Probleme einer Patchworkfarnilie

AWT	Name	Klasse	Datum	Nr.

In Deutschland entstanden in den letzten Jahrzehnten unterschiedliche Familienformen. Die klassische Kernfamilie besteht aus Vater und Mutter, die zusammen mit einem oder mehreren Kindern in einem gemeinsamen Haushalt leben.
Leben Eltern getrennt voneinander oder ist ein Partner verstorben, so kümmert sich ein Elternteil alleine um die Erziehung. Meist ist dies die Mutter, die das Kind oder die Kinder alleine erzieht. Jedoch gibt es auch zunehmend allein erziehende Väter.
Immer häufiger wird die Zahl der Paare ohne Kinder. Dies liegt zum Großteil daran, dass sich immer mehr Paare für ein Leben ohne Kinder entscheiden. Beim anderen Teil handelt es sich um Paare, deren Kinder bereits erwachsen und ausgezogen sind.
Eine Person, die alleine lebt, wird als Single bezeichnet. Manche junge Menschen wählen diese Lebensform, weil sie unabhängig bleiben wollen oder ihnen die Karriere im Beruf besonders wichtig ist.
Es gibt aber auch Personen, die dazu gezwungen sind, alleine zu leben, weil z. B. der Partner verstorben ist. In den vergangenen 50 Jahren hat sich die Zahl der Singles in Deutschland verdoppelt.
Früher war es üblich, dass neben den Eltern und den Kindern auch die Groß- und Ur-Großeltern mit unter einem Dach lebten. Man spricht hier von einer Mehr-Generationen-Familie. Diese Familienform gibt es bei uns jedoch nur noch selten.

Arbeitsaufträge für die Partnerarbeit:
1. Schreibe die verschiedenen Familienformen stichpunktartig heraus.
2. Finde für jede Familienform einen Vor- bzw. Nachteil.

Für die Schnellen:
Überlege:
Es gibt auch noch den Begriff der „Patchworkfamilie“. Was versteht man darunter?

Hinweis:
Eine Patchworkdecke besteht aus vielen verschiedenen Teppichflecken, die zu einem großen Teppich zusammengefügt werden.

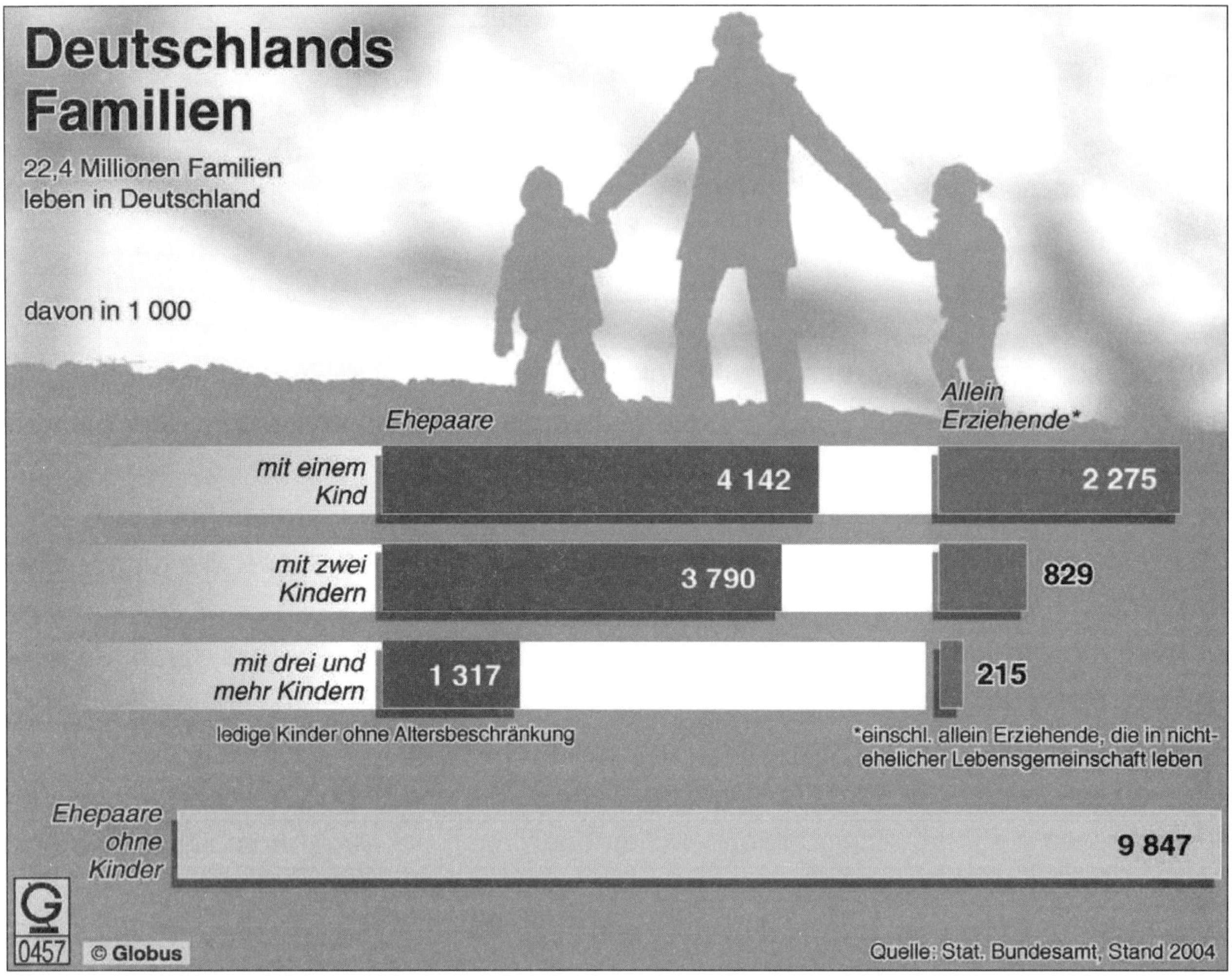
Deutschlands Familien
22,4 Millionen Familien leben in Deutschland
davon in 1 000
Ehepaare
Allein Erziehende*
mit einem Kind
4 142
2 275
mit zwei Kindern
3 790
829
mit drei und mehr Kindern
1 317
215
ledige Kinder ohne Altersbeschränkung
*einschl. allein Erziehende, die in nicht-ehelicher Lebensgemeinschaft leben
Ehepaare ohne Kinder
9 847
0457
© Globus
Quelle: Stat. Bundesamt, Stand 2004

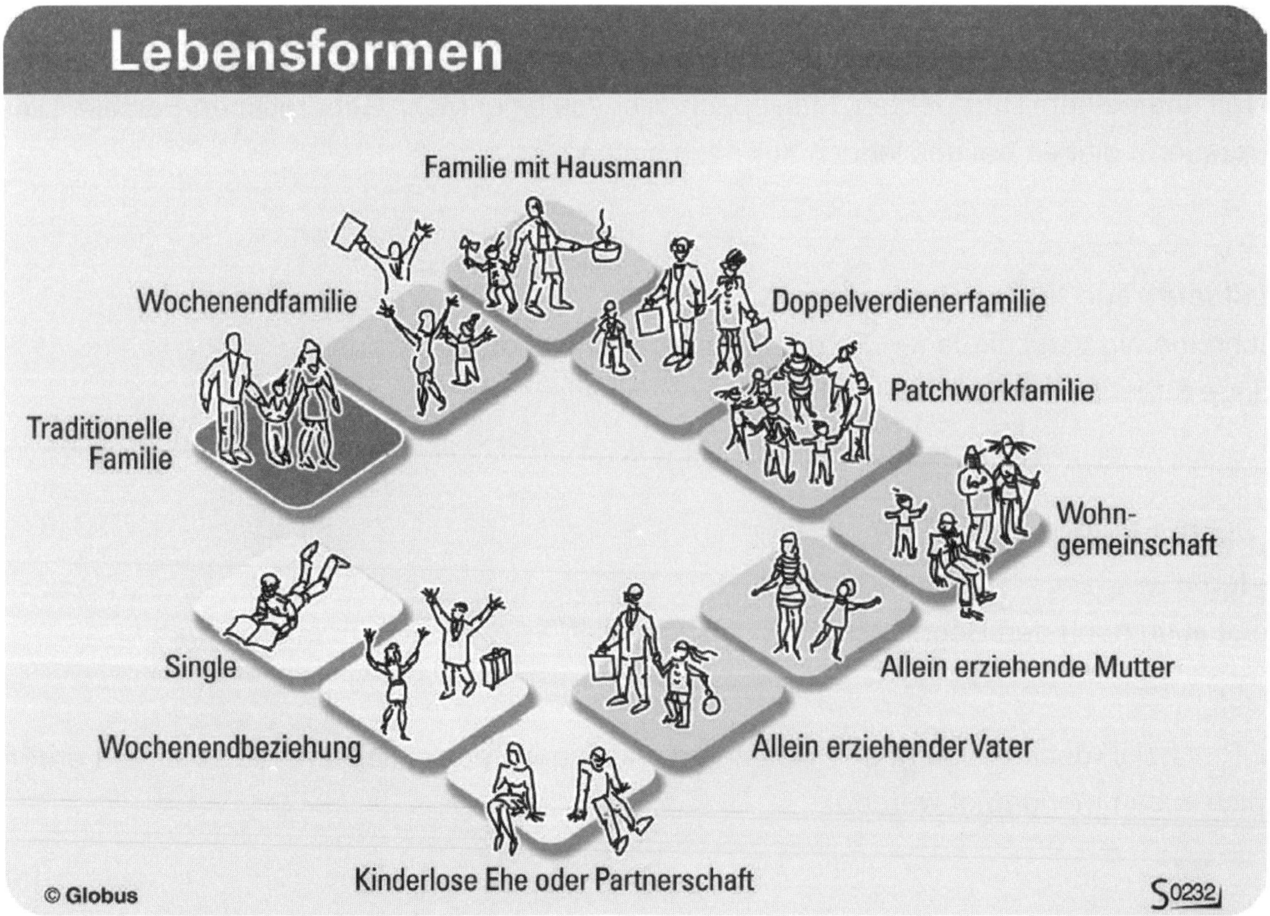
Lebensformen
Familie mit Hausmann
Wochenendfamilie
Doppelverdienerfamilie
Patchworkfamilie
Traditionelle Familie
Wohn-gemeinschaft
Single
Allein erziehende Mutter
Wochenendbeziehung
Allein erziehender Vater
Kinderlose Ehe oder Partnerschaft
© Globus
S0232

STUNDENBILD

I. Hinführung

Stummer Impuls	Folie 1	Alte und moderne Küche SSS: Hier sind Küchen von früher und von heute abgebildet. In einer Küche fallen verschiedene Arbeiten an. L: Wir wollen in diesem Schuljahr den Arbeitsplatz „Haushalt“ erkunden. Dabei müssen wir auf verschiedene Merkmale zur Beschreibung achten.
Zielangabe	TA	Merkmale des Arbeitsplatzes „Haushalt“

II. Erarbeitung

		L: Überlege dir mit deinem Partner, was du noch von der Erkundung im letzten Jahr weißt. SSS wiederholen
	Arbeitsblatt	
		L: Auf dem Arbeitsblatt sind die Merkmale zur Beschreibung des Arbeitsplatzes „Haushalt‘ an einem Beispiel aufgezeigt. SSS lesen und bearbeiten Arbeitsauftrag in Partnerarbeit
	TA	Sammeln der Lösungen an der Tafel / Folie Begriffsklärung „Ergonomie“ (evtl. am Beispiel ergonomischer Stühle / Arbeitsplätze von Schülern)

III. Sicherung

	TA / Folie 2	SSS übernehmen TA / Folie 2 als Eintrag L: Überlege dir zu jedem Merkmal für den Arbeitsort „Küche“ weitere zwei Beispiele!

IV. Vertiefung

LSG		L: Nenne weitere Arbeitsorte und beschreibe sie anhand der Merkmale genauer.
Impuls		L: Auf deinem Arbeitsblatt steht, dass im Haushalt viele tödliche Unfälle passieren.
	Folie 3	Info SSS lesen, äußem sich

AWT	Name	Klasse	Datum	Nr.

Um den Arbeitsplatz „Haushalt" beschreiben zu können, beachtet man verschiedene Merkmale. Betrachten wir einmal den Arbeitsort „Küche" genauer.
Hier gibt es viele unterschiedliche Tätigkeiten bzw. Anforderungen: Gemüse und Salat waschen und schneiden, Essen am Herd zubereiten, Teller und Töpfe spülen, Arbeitsfläche säubern, usw.
Vergleicht man die Arbeitsbedingungen in einer heutigen Küche mit denen von früher, so stellt man fest, dass es sich heutzutage bedeutend leichter und einfacher arbeiten lässt.
Vor allem auch die Vielzahl der elektrischen Geräte und Maschinen erleichtert die Arbeit enorm. Denkt man nur einmal an die Spülmaschine, die zudem auch noch kostbare Zeit spart.
Außerdem sind moderne Küchen sehr gut durchdacht. Alle Geräte sind mit wenigen Handgriffen zu erreichen. Somit kann man mit möglichst wenig Aufwand eine möglichst große Leistung erbringen, ohne dabei gesundheitliche Schäden erleiden zu müssen. Man spricht hier von Ergonomie.
Auch die Sicherheit wird also in modernen Küchen, aber besonders auch im Umgang mit den elektrischen Geräten groß geschrieben. Dennoch passieren immer wieder gerade im Haushalt tödliche Unfälle. Die Gefahren dürfen also nicht unterschätzt werden.

Arbeitsauftrag für die Partnerarbeit:
Schreibe die verschiedenen Merkmale mit je einem Beispiel heraus.

Für die Schnellen:
Suche dir einen weiteren Arbeitsort im Haushalt und finde auch hier Beispiele für die oben genannten Merkmale.

INFO:

- Etwa 2,5 Millionen Unfälle passieren jährlich im Haushalt.

- Durch Unfälle im Haushalt sterben in Bayern jährlich mehr als 500 Menschen ⇨ ebenso viele wie im Straßenverkehr.

THEMA

Wir erkunden den Arbeitsplatz „Haushalt"

LERNZIELE

- Wissen, dass eine Erkundung aus den Teilen Vorbereitung, Durchführung und Auswertung besteht
- Wissen, wie man eine Erkundung vorbereitet, durchführt und auswertet
- Erkundung bewerten und der Klasse vorstellen können

ARBEITSMITTEL / MEDIEN / LITERATURHINWEISE

- Folie 1 (Bild Haushalt - Küche), Ausschneideblatt, u. U. WOKA für die Tafel, Folie 2 (Tafelbild)
- Arbeitsblatt
- Erkundungsbogen

TAFELBILD / FOLIEN

Wir erkunden den Arbeitsplatz „Haushalt"

Vorbereitung:	Durchführung:	Auswertung/Präsentation:
Ich lege den genauen Erkundungsort fest (Küche, Bad ...).	Ich notiere die Antworten.	Ich fasse meine Notizen zusammen.
Ich denke mir Fragen aus.	Ich beobachte genau.	Ich ordne meine Notizen.
Ich schreibe meine Fragen auf.	Ich stelle Fragen.	Ich wähle eine geeignete Form für die Präsentation.
Ich erarbeite einen Fragebogen.	Ich frage höflich nach.	
Ich besorge mir geeignete Hilfsmittel.	Ich fotografiere.	
	Ich lasse mir Schwieriges erklären.	
	Ich nehme evtl. die Antworten auf einen Kassettenrekorder auf.	

STUNDENBILD

I. Hinführung

Stummer Impuls	Folie	Bild Haushalt: Küche SSS: Das ist der Haushalt der Familie Meister. SSS bringen ihr bisheriges Wissen ein. L: In den kommenden Stunden wollen wir uns den Arbeitsplatz „Haushalt“ genauer anschauen. Ihr wisst bereits aus der 5. Klasse, was eine Erkundung ist.
Zielangabe	TA	Wir erkunden den Arbeitsplatz „Haushalt“

II. Erarbeitung

Vorwissen		SSS: Eine Erkundung verläuft in drei Schritten: • Vorbereitung • Durchführung • Auswertung
	Folie / Arbeitsblatt	
		L: Was alles zu diesen drei Bereichen gehört, kannst du hier auf dieser Folie lesen. Allerdings sind mir diese Kärtchen etwas durcheinander geraten und ihr müsst erst wieder für Ordnung sorgen.
	TA / Folie	Sammeln und ordnen der Lösung
Grobplanung der Vorgehensweise unter Einbezug der Schüler		
		1. Fragebogen erstellen 2. Erkundung nach vorheriger Aufteilung der Aufgaben während der Erkundung (Wer fotografiert? Wer benutzt den Kassetten-rekorder? ...) 3. Auswertung der Erkundung und Vorstellung vor der Klasse
	TA / Folie	Sammeln der Ergebnisse

III. Sicherung

SSS übernehmen Tafelbild als Eintrag

IV. Vertiefung

L: bespricht mit den SSS, was ihnen bei der Erkundung gefallen hat bzw. was es zu verbessern gibt.

AWT	Name	Klasse	Datum	Nr.

Wir erkunden den Arbeitsplatz „Haushalt“

Ich notiere die Antworten.	Ich beobachte genau.	Ich ordne meine Notizen.
Ich stelle Fragen.	Ich frage höflich nach.	Ich fotografiere.
Ich wähle eine geeignete Form für die Präsentation.	Ich lege den genauen Erkundungsort fest (Küche, Bad ...)	Ich nehme evtl. die Antworten auf einen Kassettenrekorder auf.
Ich erarbeite einen Fragebogen.	Ich schreibe meine Fragen auf.	Ich denke mir Fragen aus.
Ich lasse mir Schwieriges erklären.	Ich fasse meine Notizen zusammen.	Ich besorge mir geeignete Hilfsmittel.

Arbeitsauftrag:
Ordne die Kärtchen in die richtige Spalte ein.

Vorbereitung:	**Durchführung:**	**Auswertung / Präsentation:**

AWT	Name	Klasse	Datum	Nr.

Wir erkunden den Arbeitsplatz „Haushalt“

Ich notiere die Antworten.	Ich beobachte genau.	Ich ordne meine Notizen.
Ich stelle Fragen.	Ich frage höflich nach.	Ich fotografiere.
Ich wähle eine geeignete Form für die Präsentation.	Ich lege den genauen Erkundungsort fest (Küche, Bad ...)	Ich nehme evtl. die Antworten auf einen Kassettenrekorder auf.
Ich erarbeite einen Fragebogen.	Ich schreibe meine Fragen auf.	Ich denke mir Fragen aus.
Ich lasse mir Schwieriges erklären.	Ich fasse meine Notizen zusammen.	Ich besorge mir geeignete Hilfsmittel.

Arbeitsauftrag:
Ordne die Kärtchen in die richtige Spalte ein.

Vorbereitung:	**Durchführung:**	**Auswertung / Präsentation:**
Ich lege den genauen Erkundungsort fest (Küche, Bad ...).	Ich notiere die Antworten.	Ich fasse meine Notizen zusammen.
Ich denke mir Fragen aus.	Ich beobachte genau.	Ich ordne meine Notizen.
Ich schreibe meine Fragen auf.	Ich stelle Fragen.	Ich wähle eine geeignete Form für die Präsentation.
Ich erarbeite einen Fragebogen.	Ich frage höflich nach.	
Ich besorge mir geeignete Hilfsmittel.	Ich fotografiere.	
	Ich lasse mir Schwieriges erklären.	
	Ich nehme evtl. die Antworten auf einen Kassettenrekorder auf.	

AWT	Name	Klasse	Datum	Nr.

Erkundungsbogen

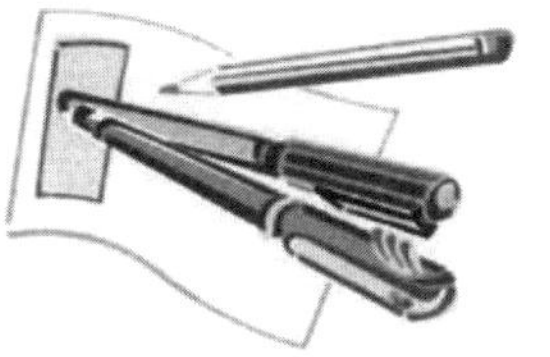

1. Arbeitsort: ______________________________

2. a) Welche Bedingungen herrschen am Arbeitsort vor? Finde passende Adjektive.
Die Tabelle hilft dir dabei:

eng - geräumig - hell - angenehm - dunkel - warm - kalt - heiß - laut - ruhig - gemütlich - sauber - verschmutzt - veraltet - modern - feucht - grell

____

____

b) Kreuze an: Ist die Tätigkeit

O sitzend? O stehend? O laufend? O liegend?

c) Welche besonderen Belastungen gibt es an diesem Arbeitsort?

____

____

____

3. a) Wie ergonomisch ist der Arbeitsplatz?

____

____

b) Begründe, weshalb der Arbeitsplatz ergonomisch bzw. nicht ergonomisch ist.

____

____

4. a) Gibt es Sicherheitsvorkehrungen oder -bestimmungen an diesem Arbeitsort? Welche?

____

____

b) Wo liegen Unfallgefahren?

____

____

5. Womit wird die Arbeit ausgeführt? (Werkzeuge, Geräte, Arbeitsmittel)

____

____

PUMA
KING

THEMA

Zusammen geht es besser – Arbeitsorganisation im privaten Haushalt

LERNZIELE

- Wissen, wie man Aufgaben im Haushalt gemeinsam planen und ausführen kann
- Erkennen, dass eine Zusammenarbeit und Verteilung der Aufgaben gerecht ist
- Wissen, dass eine Arbeitsteilung in allen Lebensbereichen stattfindet

ARBEITSMITTEL / MEDIEN / LITERATURHINWEISE

- Folie 1 (Frau Fischer und Peter), Folie 2 (Tafelbild als Eintrag), Folie 3 (Info)
- Arbeitsblatt

TAFELBILD / FOLIEN

Wie können die Aufgaben gerecht verteilt werden?

Familie Fischer verteilt die Arbeit

Herr Fischer
- Getränke kaufen
- Auto waschen
- Kuchen backen
- Fleisch grillen

Susanne
- Hasenstall ausmisten
- Blumen beim Nachbarn gießen
- Tische dekorieren
- Salat und Gemüse waschen

Peter
- Rasen mähen
- Hund von Oma ausführen
- zusätzliche Stühle besorgen
- Salat und Gemüse schneiden

Frau Fischer
- Einkauf erledigen
- Fenster putzen
- Kuchen verzieren
- Salate zubereiten

Merke:
Bei der Hausarbeit soll jeder die Aufgabe übernehmen, die er am besten, schnell, richtig und mit wenig Arbeitsaufwand erledigen kann.
➪ Hausarbeit muss also sozial verträglich sein. Eine Arbeitsteilung wie bei der Hausarbeit findet in allen Bereichen des Lebens statt. Dabei werden anstehende Arbeiten auf verschiedene Personen (Maschinen, Firmen) aufgeteilt.

STUNDENBILD

I. Hinführung

Stummer Impuls	Folie 1a	Frau Fischer und Peter SSS vermuten
	Folie 1b (Overlay)	Sprechblasen SSS: Frau Fischer klagt über die viele Arbeit, die in der nächsten Woche ansteht.
Impuls		L: Peter hat eine Idee.
Zielangabe	TA	Wie können die Aufgaben gerecht verteilt werden?

II. Erarbeitung

		L: Du kennst die Familie Fischer bereits.
	Arbeitsblatt	
		L: Auf dem Arbeitsblatt ist beschrieben, wie es jetzt weitergeht! SSS lesen und bearbeiten Arbeitsaufträge in Partnerarbeit: 1. Entscheidet, welche Aufgaben viel Zeit benötigen, welche weniger. 2. Welche Aufgaben können alleine, welche müssen von mehreren Personen erledigt werden? SSS bearbeiten schriftliche Arbeitsaufträge
	TA	Sammeln der Lösungen an der Tafel / Folie

III. Sicherung

	TA / Folie 2	SSS übernehmen TA / Folie 2 als Eintrag L: Überprüft, ob alle Aufgaben jetzt gerecht verteilt sind.

IV. Vertiefung

		L: Arbeitsteilung im Haushalt muss sozial verträglich sein.
LSG	Folie 3	Informationstext L: Was stellst du fest, wenn du diesen Text liest? Begriffsbildung „Arbeitsteilung“ SSS: Was bei Familie Fischer stattfindet, nennt man Arbeitsteilung. Arbeitsteilung gibt es nicht nur in der Familie und im Haushalt, sondern auch in Betrieben. L: Welche Vorteile hat Arbeitsteilung im Haushalt und in Betrieben? L: Wie könnt ihr das nächste Fest zu Hause gerecht planen und organisieren?

AWT	Name	Klasse	Datum	Nr.

Bei Familie Fischer gibt es in der kommenden Woche viel zu tun. Vor allem die Gartenparty, zu der Familie Fischer jedes Jahr die Nachbarn einlädt, bedeutet viel zusätzliche Arbeit für die Familie. Die alltäglichen Hausarbeiten wie z.B. Frühstück zubereiten, Tisch decken und Staub saugen haben die Familienmitglieder ja bereits gerecht untereinander aufgeteilt. Da Frau Fischer mit der zusätzlich anfallenden Arbeit nicht alleine fertig wird, setzt sich die Familie am Wochenende zusammen, um zu entscheiden, wer welche zusätzlichen Aufgaben übernimmt.
Zuerst besprechen sie, welche Aufgaben in der kommenden Woche überhaupt anfallen. Peter notiert mit. Es entsteht folgende Liste:

Aufgaben für die kommende Woche:

- Gartenparty vorbereiten
- Fenster putzen
- Einkauf erledigen
- Hund von Oma ausführen
- Auto waschen
- Hasenstall ausmisten
- Rasen mähen
- Getränke kaufen
- Blumen beim Nachbarn gießen

Besprich dich mit deinem Partner:

1. Entscheidet, welche Aufgaben viel Zeit benötigen, welche weniger.
2. Welche Aufgaben können alleine, welche müssen von mehreren Personen erledigt werden?

Arbeitsaufträge für die Partnerarbeit:

1. Versucht die Aufgaben der oberen Liste gerecht auf Susanne, Peter, Herr und Frau Fischer zu verteilen.
2. Die Gartenparty muss von allen gemeinsam vorbereitet werden. In einer weiteren Liste hat Peter festgehalten, was es dabei zu tun gibt.
   Überlege dir, wer welche Arbeiten erledigen könnte.

- Kuchen backen und verzieren
- Fleisch grillen
- Tische dekorieren
- weitere Stühle besorgen
- Salate zubereiten
- Salat und Gemüse waschen und schneiden

Folie 1b

Und am kommenden Wochenende findet auch noch unser jährliches Gartenfest statt. Ich weiß gar nicht, wie ich das schaffen soll.

Mach‘ dir nicht so viele Gedanken. Wie wär‘s, wenn wir uns zusammensetzen und überlegen, was alles zu tun ist und die Arbeit dann aufteilen.

INFO:

Ein Auto wird in einem Betrieb nicht von einer Person alleine hergestellt, sondern es sind viele kleine Arbeitsschritte nötig, die jeweils von anderen Personen durchgeführt werden. Manche Einzelteile werden sogar in anderen Firmen hergestellt und über weite Strecken transportiert. Bei einer Aufteilung von Arbeitsschritten auf verschiedene Personen oder Maschinen und Firmen spricht man von **Arbeitsteilung**.

THEMA Welche Gefahren lauern im Haushalt?

LERNZIELE

- Wissen, was gesundheitliche Verträglichkeit im Haushalt bedeutet
- Maßnahmen für gesundheitliche Verträglichkeit kennen
- Unfallgefahren im Haushalt kennen und sich in der Folge vorsichtiger verhalten

ARBEITSMITTEL / MEDIEN / LITERATURHINWEISE

- **Folie 1 (Peter hat sich verletzt), Folie 2 (Tafelbild als Eintrag), Folie 3 (Grafik: Unfallgefahr)**
- Arbeitsblatt

TAFELBILD / FOLIEN

Welche Gefahren lauern im Haushalt?

Gefahren im Haushalt

Herr Fischer
- verbrennt sich beim Grillen die Hand

Susanne
- reagiert allergisch auf ein Putzmittel

Peter
- schneidet sich an einem zerbrochenen Glas in den Fuß

Frau Fischer
- bricht sich beim Fensterputzen das Bein

Merke:

Hausarbeit muss für jeden machbar sein und darf keinen krank machen (z. B. Allergien). Ist dies nicht der Fall, müssen Lösungen gefunden werden, z. B. durch

- Umstellen auf verträgliche Putzmittel.
- Übernahme der Aufgaben von anderen Familienmitgliedern oder einer Haushaltshilfe.

➪ Man spricht hierbei von **gesundheitlicher Verträglichkeit**.

STUNDENBILD

I. Hinführung

Stummer Impuls	Folie 1	Verletzter Peter
		SSS: Peter hat sich verletzt. Er hat vielleicht ...
Impuls		L: Im Haushalt geschehen viele Unfälle.
Zielangabe	TA	Welche Gefahren lauern im Haushalt?

II. Erarbeitung

		SSS bringen Vorerfahrungen ein
		L: Auch bei unserer Familie Fischer ist das so.
	Arbeitsblatt	
		L: Sie erzählen von ein paar Unfällen, die ihnen bereits passiert sind!
		SSS lesen und bearbeiten Arbeitsaufträge in Partnerarbeit.
	TA	Sammeln der Lösungen an der Tafel / Folie

III. Sicherung

	TA / Folie 2	SSS übernehmen TA / Folie 2 als Eintrag
		L: Überprüft, ob alle Aufgaben jetzt gerecht verteilt sind.

IV. Vertiefung

LSG		L: Auch wenn zu Hause geraucht wird, ist das gesundheitsschädlich.
		L: Man kann einen Haushalt mit einem Betrieb vergleichen. Finde mit deinem Partner Gründe dafür.
	Folie 3	Grafik: Unfallgefahr
		L: Betrachte folgende Grafik.
		SSS werten Grafik aus

AWT	Name	Klasse	Datum	Nr.

Tag für Tag verletzen sich viele Menschen bei der Arbeit im Haushalt. Auch in der Familie Fischer können sich die Familienmitglieder an einige Unfälle zurückerinnern.

Herr Fischer:
Neulich auf unserer Gartenparty wollte ich beim Grillen die Glut noch etwas anheizen. Dass man dazu keinen Spiritus verwenden darf, das wusste ich. Also nahm ich einen handelsüblichen Grillanzünder. Dabei fing mein Grillhandschuh Feuer. Ich versuchte ihn schnell abzustreifen, doch in der Panik ist mir das nicht gelungen. Gott sei Dank stand das Planschbecken meiner Kinder im Garten und es ist nichts Schlimmeres passiert. Doch meine Verbrennungen mussten trotzdem von einem Arzt behandelt werden.

Frau Fischer:
Um in die letzte Ecke der Fenster beim Putzen zu kommen, muss ich mich immer auf eine kleine Leiter stellen. Vergangene Woche ist die Leiter aus Unachtsamkeit umgefallen. Dabei habe ich mir dummerweise das Bein gebrochen. Für vier Wochen musste meine Mutter nun meine Aufgaben im Haushalt erledigen. Hätte ich sie nicht gehabt, hätten wir eine Haushaltshilfe einstellen müssen.

Susanne:
Ich wollte Mama beim Putzen des Badezimmers helfen. Also nahm ich wie sie etwas Reiniger und einen Lappen. Nach einer halben Stunde hatte ich ganz rote Hände. Mama meinte, ich hätte mir die Hand verätzt. Das juckte eine ganze Zeit echt schlimm und sah furchtbar aus. Jetzt kauft Mama nur noch Reiniger, die hautverträglich sind, damit so etwas nicht mehr passiert.

Peter:
Beim Ausräumen der Spülmaschine fiel mir ein Glas aus der Hand und ging kaputt. Ich war gerade barfuß. An den herumliegenden Glasscherben habe ich mir meinen Fuß ziemlich übel aufgeschnitten und musste genäht werden. Das passiert mir kein zweites Mal.

Arbeitsaufträge für die Partnerarbeit:
1. Schreibe heraus, welche Unfälle die Mitglieder der Familie Fischer beschreiben.
2. Wie hätten diese Unfälle vermieden werden können?
3. In zwei beschriebenen Fällen sind durch die Unfälle im Haushalt Probleme entstanden und gelöst worden. Wie?

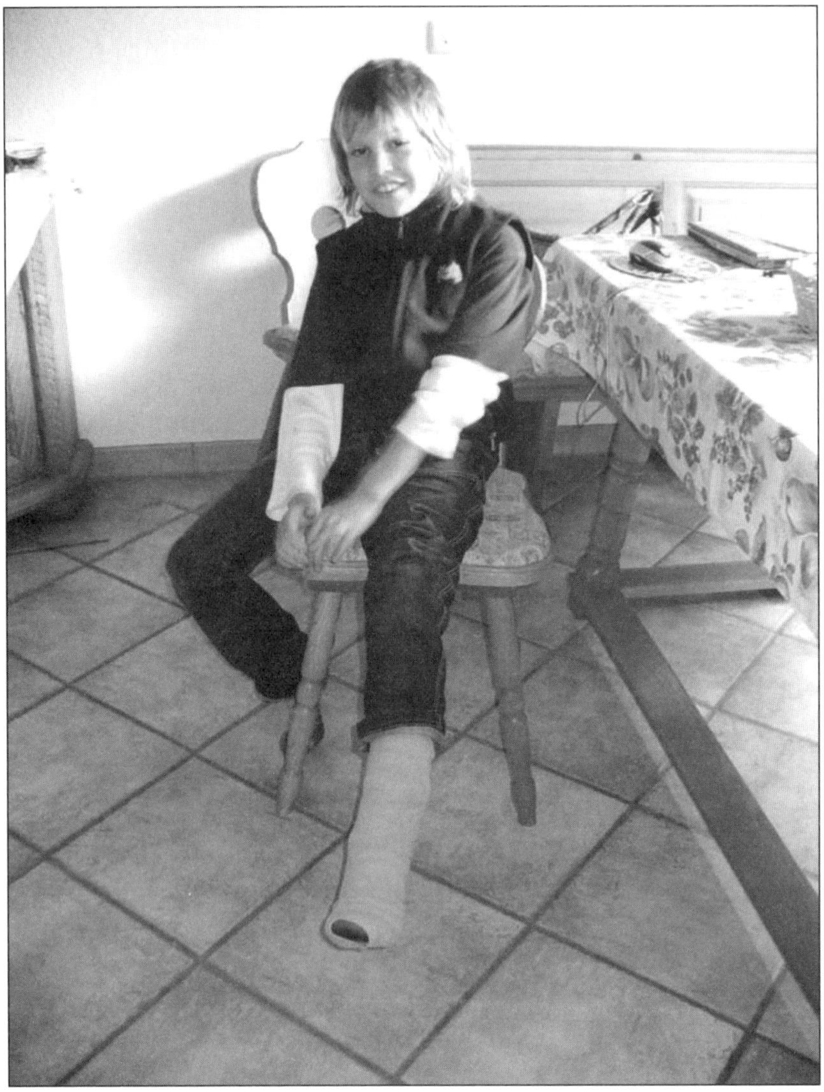

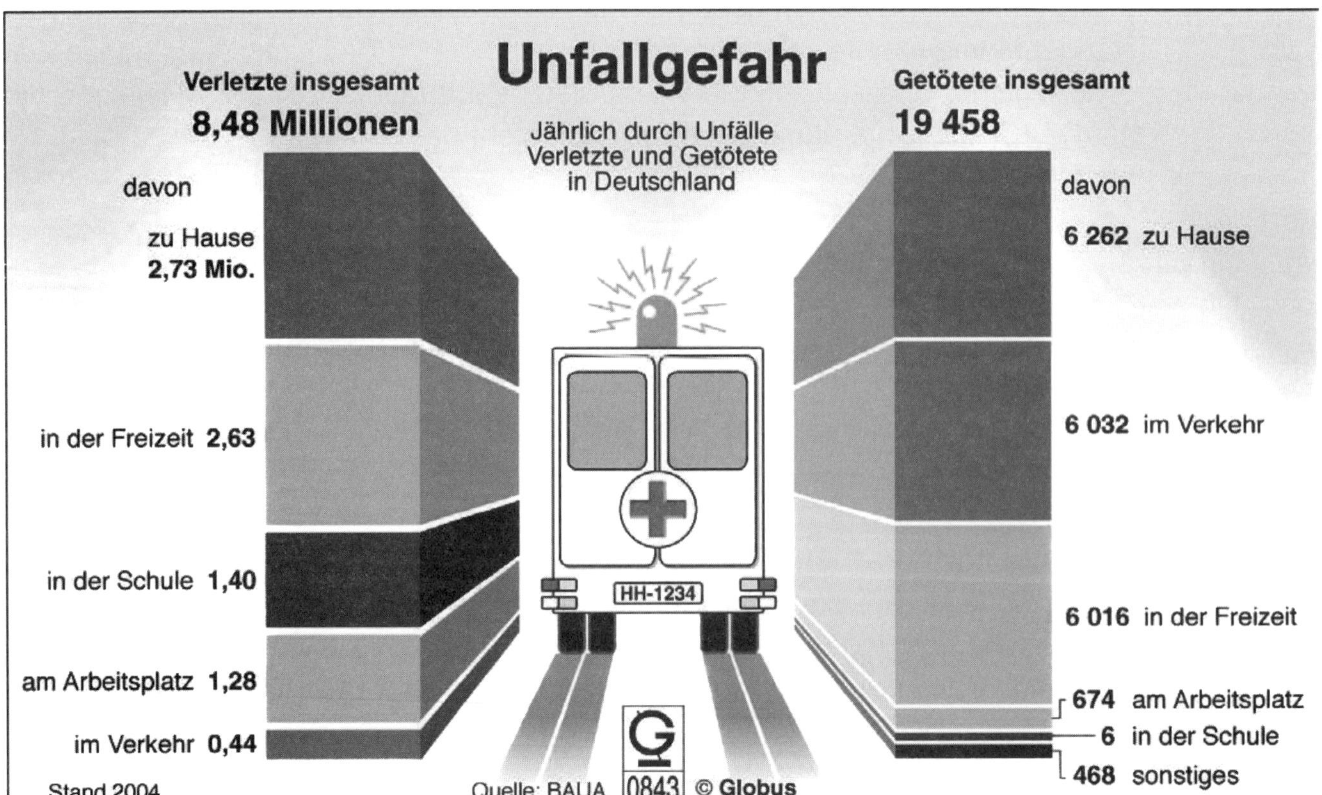
Unfallgefahr
Jährlich durch Unfälle Verletzte und Getötete in Deutschland
Verletzte insgesamt
8,48 Millionen
davon
zu Hause 2,73 Mio.
in der Freizeit 2,63
in der Schule 1,40
am Arbeitsplatz 1,28
im Verkehr 0,44
Getötete insgesamt
19 458
davon
6 262 zu Hause
6 032 im Verkehr
6 016 in der Freizeit
674 am Arbeitsplatz
6 in der Schule
468 sonstiges
HH-1234
Stand 2004
Quelle: BAUA
0843
© Globus

THEMA

Wie kann sich Familie Fischer umweltbewusst verhalten?

LERNZIELE

- Wissen, wie man im Haushalt die Umwelt schonen kann
- Maßnahmen für umweltschonendes Handeln kennen
- Erkennen, dass durch umweltschonendes Handeln auch Kosten gespart werden können

ARBEITSMITTEL / MEDIEN / LITERATURHINWEISE

- Folie 1 (Müllberge), Folie 2 (Herr Fischer beschwert sich), Folie 3 (Tafelbild), Folie 4 (Info)
- Arbeitsblatt (oder Hörspiel)

TAFELBILD / FOLIEN

Wie kann sich Familie Fischer umweltschonend verhalten?

Möglichkeiten umweltbewussten Handelns

Wasserverbrauch reduzieren
- duschen statt baden
- Brauchwasser, z. B. Regentonne verwenden
- nur volle Spül- und Waschmaschine laufen lassen
- Zähneputzen mit Becher

Umweltbewusstes Einkaufen
- Stofftaschen, Papiertüten und Körbe verwenden
- umweltschonende Reiniger

Energie einsparen
- Licht aus, wenn möglich
- kein Standby
- Stoßlüften und Heizung aus
- Energiesparlampen

Abfallvermeidung und -trennung
- Plastiktüten meiden
- auf Lebensmittel in Folienverpackungen verzichten
- Papier und Glas sammeln

Merke:
Durch umweltbewusstes Verhalten im Haushalt kann Familie Fischer nicht nur die Umwelt schonen, sondern auch noch dabei sparen.
➪ Man spricht hierbei von **ökologischem Handeln**.

STUNDENBILD

I. Hinführung

Stummer Impuls	Folie 1	Müll SSS: Müllberge L: Das ist der Müll, den eine Familie wie unsere Fischers in einer Woche produzieren.
	Folie 2	Beschwerde von Herrn Fischer SSS: Herr Fischer beschwert sich über das umwelt-belastende Verhalten seiner Familie.
Zielangabe	TA	Wie kann sich Familie Fischer umweltschonend verhalten?

II. Erarbeitung

		SSS bringen Vorschläge
	TA	L notiert mit (bereits in passende Spalten)
	AB (oder Rollenspiel / Hörspiel)	
		L: Auch die Familie Fischer hat sich Gedanken über ihr Verhalten gemacht. Einiges davon habt ihr bereits herausgefunden. Was weiter herausgekommen ist, könnt ihr auf diesem AB lesen. SSS lesen und bearbeiten Arbeitsaufträge in Partner-arbeit.
	TA	Sammeln der Lösungen an der Tafel / Folie

III. Sicherung

	TA / Folie 3	SSS übemehmen TA / Folie 3 als Eintrag L: Welche umweltschonenden Maßnahmen gibt es in eurem Haushalt? Notiert sie unter den Eintrag.

IV. Vertiefung

LSG	Folie 2	L: Herr Fischer meinte am Schluss noch: „Und das vor allem in einer Zeit, in der jeder vom Klimawandel spricht!“ Was meint er damit? L: Was hat umweltschonendes Handeln im Haushalt damit zu tun? SSS äußem sich

AWT	Name	Klasse	Datum	Nr.

Familie Fischer sitzt zusammen und berät darüber, wie sie in der Zukunft umweltschonender haushalten können.

Herr F.: So, dann lasst mal eure Vorschläge hören!

Peter: Ich finde, wir könnten mehr Energie sparen, wenn wir z. B. die Standby-Funktion beim Fernseher usw. vermeiden würden.

Frau F.: Und außerdem könnten wir Energiesparlampen verwenden. Aber auch das Ausschalten des Lichts, wenn wir aus einem Raum gehen, macht eine Menge aus. Scheint die Sonne, dann ist es eigentlich hell genug, so dass wir überhaupt kein Licht bräuchten.

Susanne: In der Schule hat unser Lehrer letztes Mal gesagt, dass es energiesparender ist, wenn wir die Fenster zum Lüften für etwa zehn Minuten öffnen und in der Zwischenzeit die Heizung ausschalten, anstatt das Fenster über längere Zeit zu kippen. Das könnten wir doch in Zukunft auch machen.

Herr F.: Das sind bereits tolle Ideen. Ich werde mich einmal erkundigen, was es kostet, wenn wir uns eine Solaranlage auf's Dach machen lassen. Aber da ist auch immer noch unser riesiger Müllberg vor mir. Wie können wir daran etwas ändern?

Susanne: Haben wir auch nicht schon etwas für die Umwelt getan, indem wir neuerdings einen umweltschonenden Haushaltsreiniger verwenden? Da hatte meine Chemikalienallergie doch auch einen positiven Nebeneffekt.

Frau F.: Ja, genau. Beim Einkaufen können wir besonders auf umweltbewusstes Verhalten achten. Was mich betrifft, so werde ich mir in Zukunft angewöhnen, immer einen Einkaufskorb oder eine Stofftasche im Auto zu haben, so dass ich keine Plastiktüten mehr kaufen muss. Außerdem könnten wir alle darauf achten, dass wir Lebensmittel mit unnötig viel Verpackungsmüll einfach nicht kaufen. Das würde auch den Abfall vermeiden.

Peter: Zur Abfallvermeidung zähle ich aber auch die Trennung. Wir müssen eben noch mehr als sonst darauf achten, dass wir ordnungsgemäß trennen. Vor allem bei Rohstoffen, die man wiederverwerten kann, wie z. B. Papier und Glas.

Frau F.: Auch unseren Wasserverbrauch könnten wir sicherlich noch reduzieren. Es muss ja nicht sein, dass wir so oft baden. Auch eine Dusche macht sauber und pflegender für die Haut ist es allemal.

Herr F.: Ich möchte aber nicht immer nur duschen. So ein Bad ist einfach schön entspannend.

Frau F.: Ich meine ja auch nicht, dass wir auf das Baden vollständig verzichten sollten. Aber einschränken könnten wir uns ein wenig. Auch könnten wir in Zukunft darauf achten, dass unsere Spülmaschine auch immer gut gefüllt ist. Bei der Waschmaschine mach' ich dies ohnehin bereits.

Susanne: Und ich verwende in Zukunft immer einen Becher zum Zähneputzen. Das würde dir bzw. der Umwelt auch gut tun, Peter.

Peter: Echt lustig. Aber du hast ja recht, Susi. Und du, Papa, solltest dich im Baumarkt mal nach einer Regentonne umschauen. Mutti könnte dieses Wasser gut zum Blumengießen verwenden, ohne das teure Trinkwasser verschwenden zu müssen.

Herr F.: Zu Befehl, Sohnemann. Ich bin echt stolz auf euch. Das sind wirklich tolle Ideen. Lasst uns so viele wie möglich gleich morgen in die Tat umsetzen. Und mit dem gesparten Geld lade ich euch am Ende jeden Jahres einmal groß zum Essen ein.

Arbeitsaufträge für die Partnerarbeit:

1. Schreibe heraus, welche Ideen Familie Fischer hat, um in Zukunft umweltschonender zu haushalten.
2. Welche Ideen sind schnell in die Tat umsetzbar? Welche brauchen wohl etwas mehr Zeit? Begründe deine Meinung.
3. Wie kommt Herr Fischer darauf, dass sie zusammen so Geld sparen könnten? Begründe deine Antwort!

Ich bin entsetzt, wie umwelt-belastend wir uns alle ver-halten. Das muss sich ändern!

Und das vor allem in einer Zeit, in der jeder vom Klimawandel spricht!

Info:

Wusstest du, dass ...

- ... z. B. Gips und Sand nicht in den Abfluss gehören?
- ... Katzenstreu auf den Kompost gehört?
- ... Papiertücher und Watte in den Restmüll gehören?
- ... Farben und Lacke sowie Chemikalien und Batterien Sondermüll sind und gesondert getrennt werden müssen?

AWT	Name	Klasse	Datum	Nr.

Haushalt
Das sollest du können / wissen!

1. Nenne je drei Tätigkeiten, die Kinder im jeweiligen Alter verrichten können.
   a) Im Vorschulalter:

   ____

   ____

   b) Im Grundschulalter:

   ____

   ____

2. Nenne zwei unterschiedliche Haushaltsformen und vergleiche sie in je drei Punkten.

Haushaltsform		
1. Vergleichspunkt	______________ ______________	______________ ______________
2. Vergleichspunkt	______________ ______________	______________ ______________
3. Vergleichspunkt	______________ ______________	______________ ______________

3. Wann ist eine Tätigkeit eine richtige Arbeit? Nenne die Schlüsselbegriffe.

   ____

   ____

4. Unterschiedliche Familienformen:
   a) Was ist eine Kernfamilie?

   ____

   b) Was versteht man unter „Patchworkfamilie"?

   ____

   c) Nenne den Fachausdruck für folgende Familienform:
   In dieser Familie leben Großeltern, Eltern und Kinder in einem Haushalt.

   ____

   d) Welche anderen drei Familienformen kennst du noch?

   ____

   e) Fülle folgenden Lückentext aus.
   In Deutschland gibt es immer mehr ______________ und ______________ -haushalte. Das bedeutet, dass unsere Gesellschaft immer ______________ wird und wenig junge Arbeitskräfte nachkommen, die arbeiten und so die ______________ finanzieren.

AWT	Name	Klasse	Datum	Nr.

5. Ergänze die Tabelle:

Merkmale / Arbeitsplatz	Tätigkeiten und Anforderungen	Arbeitsbedingungen	Ergonomie	Sicherheit	techn. Geräte und Maschinen
Küche					
Bad					

6. Nenne die drei Schritte einer Arbeitsplatzerkundung mit je einem Beispiel.

- ____________________: ____________________
- ____________________: ____________________
- ____________________: ____________________

7. a) Erkläre den Satz: „Hausarbeit muss für jeden gesundheitlich verträglich sein.“

____

b) Wie kann man dieses Ziel erreichen?

____

8. Nenne die vier Überbegriffe für umweltbewusstes Haushalten und nenne je ein Beispiel.

- ____________________: ____________________
- ____________________: ____________________
- ____________________: ____________________
- ____________________: ____________________

9. Begründe, weshalb sich Ökologie im Haushalt nicht nur für unsere Umwelt lohnt.

____

10. Gefahren im Haushalt: Wovor könnten die Abbildungen rechts warnen?

THEMA

Woher bekommen Kinder ihr Geld?

LERNZIELE

- Wissen, welche Einnahmequellen Kinder haben
- Kennen der gesetzlichen Bestimmungen über das Beschäftigungsverbot
- Einschätzen der Bedeutung der einzelnen Geldquellen

ARBEITSMITTEL / MEDIEN / LITERATURHINWEISE

- Folie 1 (Grafik: Das Taschengeld der Kids), Folie 2 (Tafelbild), Folie 3 (Grafik: Konsumfreudige Jugend)
- Arbeitsblatt

TAFELBILD / FOLIEN

Woher bekommen Kinder ihr Geld?

Taschengeld

Verdienst

Geldgeschenke

Sparbuch

Merke:
Die Geldquellen von Kindern sind vielfältig. Das Taschengeld ist hier die wichtigste Einnahmequelle. Aber auch Geldgeschenke oder der eigene Verdienst für kleine Beschäftigungen (z. B. Prospekte austragen) gehören dazu.
Ein Teil der Gelder wird dabei auf einem Sparbuch angelegt.

Zusatzinformation:
Insgesamt besitzen die knapp über 6 Millionen Kinder (6 - 13 Jahre) in Deutschland mehr als 6 Milliarden Euro.

STUNDENBILD

I. Hinführung

Stummer Impuls	Folie 1	Grafik: Das Taschengeld der Kids
		SSS: In der Grafik steht, dass ...
		L: Kinder haben also eine Menge Geld zur Verfügung.
Zielangabe	TA	Woher bekommen Kinder ihr Geld?

II. Erarbeitung

		L: Wie viel hast du monatlich etwa zur Verfügung?
		SSS äußern sich
		L: Bist du auch manchmal „blank"?
		SSS äußern sich
	Arbeitsblatt	
		L: Auch die Freundin von Sinem hat manchmal einen Engpass. Sinem erzählt, wie sie zu ihrem Geld kommt.
		SSS lesen und bearbeiten Arbeitsaufgaben
	TA	Arbeitsaufgabe 1: Sammeln der Lösungen

III. Sicherung

	TA / Folie 2	SSS übernehmen TA / Folie 2 als Eintrag

IV. Vertiefung

		L: Vorteile des Sparbuches; Anlass für Geldgeschenke
		SSS äußern sich
	TA	Arbeitsaufgabe 2: Sammeln der Lösungen
		L: Hältst du Geldgeschenke für sinnvoll? Begründe deine Meinung.
		SSS begründen
	Folie 3	Konsumfreudige Jugend
		L: Und hier habe ich noch eine Grafik für dich.
		SSS erkennen und interpretieren

AWT	Name	Klasse	Datum	Nr.

Sinem ist 12 Jahre alt. Als ihre Freundin wieder einmal über Geldprobleme klagt, erzählt sie ihr, woher sie ihr Geld bekommt:

Zum einen bekomme ich von meinen Eltern monatlich 15 Euro Taschengeld. Allerdings muss ich mir von diesem Geld auch meine Schulsachen kaufen. Deshalb gehe ich auch etwas sorgsam mit meinen Unterlagen um. Ich möchte mir nicht jeden Monat ein neues Geodreieck kaufen müssen, so wie Sandra und Peter.
Außerdem habe ich einen kleinen „Verdienst". Ich verdiene mir ein wenig Geld zusätzlich, indem ich jeden Mittwoch Prospekte an die Haushalte verteile. Das ist zwar manchmal ziemlich nervig, aber es hat auch noch den zusätzlichen Nebeneffekt, dass es fit hält.
Und dann sind da ja auch noch die vielen Anlässe, zu denen ich Geldgeschenke erhalte. Alleine zum Geburtstag habe ich z. B. von meiner Patentante 50 Euro bekommen.
Natürlich wandert das meiste der Geldgeschenke auf mein Sparbuch. Beinahe hätte ich vergessen, dass meine Oma mir monatlich dort auch immer 5 Euro einzahlt. Jedenfalls ist mein Geld auf dem Sparbuch sicher aufgehoben und es gibt sogar noch Zinsen. Außerdem kann ich ohne großen Aufwand hier nicht nur mein Geld einzahlen, sondern auch abheben. Dazu haben meine Eltern ihr Einverständnis ins Sparbuch eintragen lassen.

Arbeitsaufträge für die Partnerarbeit:

1. Schreibe die vier Geldquellen von Sinem heraus.
2. Welche Vorteile hat ein Sparbuch?
3. Zu welchen Anlässen bekommst du Geld geschenkt? Was machst du damit?

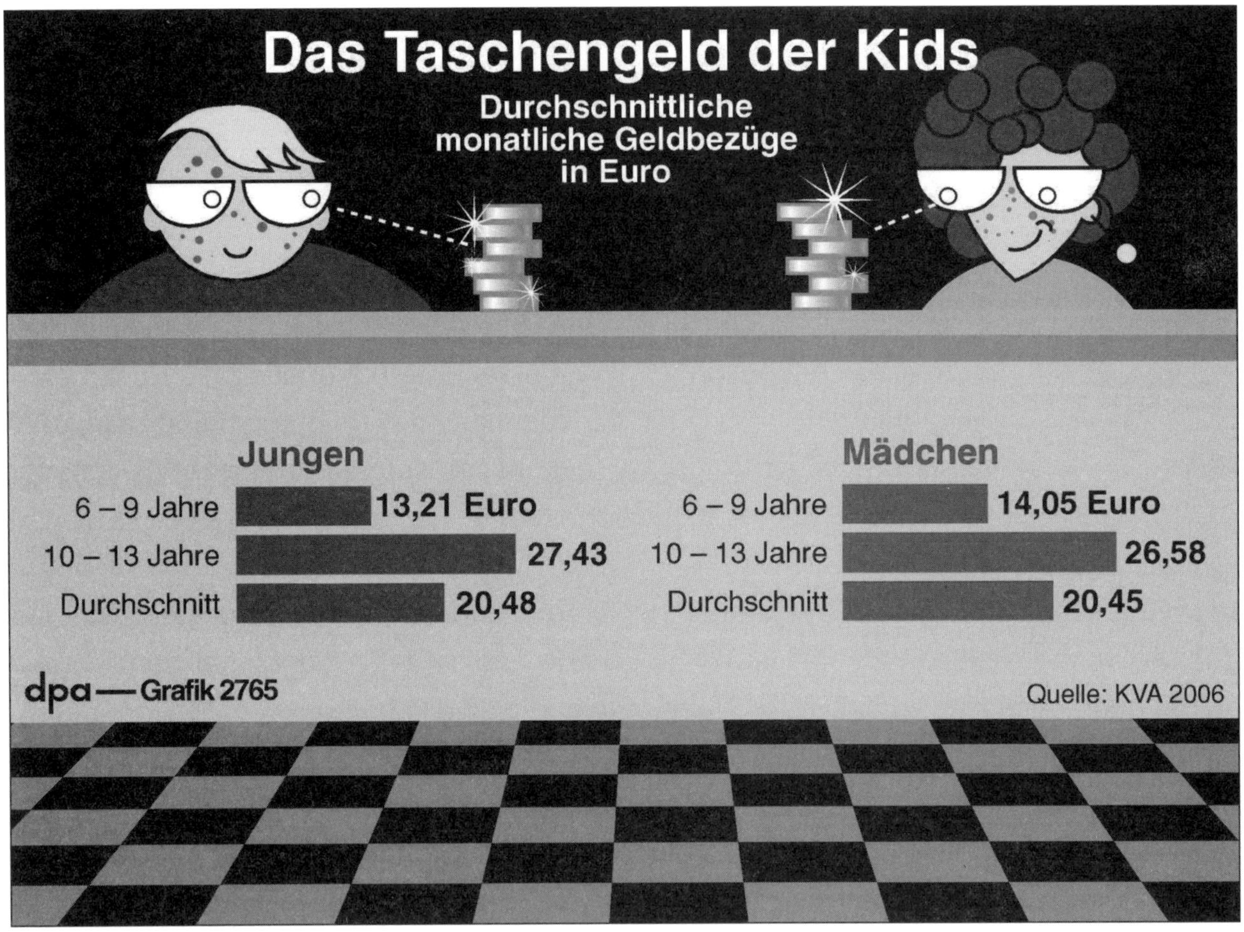
Das Taschengeld der Kids
Durchschnittliche monatliche Geldbezüge in Euro
Jungen
6 – 9 Jahre 13,21 Euro
10 – 13 Jahre 27,43
Durchschnitt 20,48
Mädchen
6 – 9 Jahre 14,05 Euro
10 – 13 Jahre 26,58
Durchschnitt 20,45
dpa — Grafik 2765
Quelle: KVA 2006

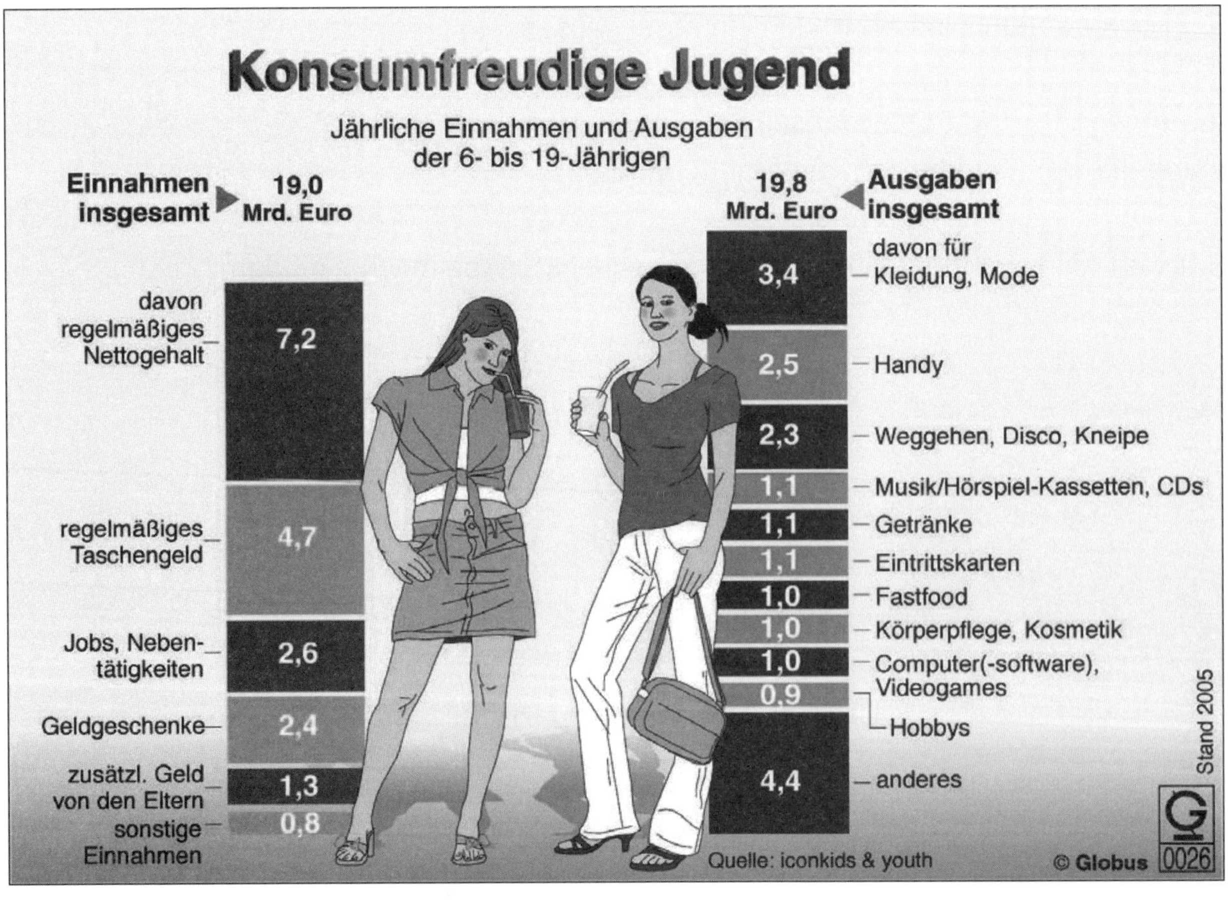
Konsumfreudige Jugend
Jährliche Einnahmen und Ausgaben der 6- bis 19-Jährigen
Einnahmen insgesamt 19,0 Mrd. Euro
davon regelmäßiges Nettogehalt 7,2
regelmäßiges Taschengeld 4,7
Jobs, Nebentätigkeiten 2,6
Geldgeschenke 2,4
zusätzl. Geld von den Eltern 1,3
sonstige Einnahmen 0,8
Ausgaben insgesamt 19,8 Mrd. Euro
davon für Kleidung, Mode 3,4
Handy 2,5
Weggehen, Disco, Kneipe 2,3
Musik/Hörspiel-Kassetten, CDs 1,1
Getränke 1,1
Eintrittskarten 1,1
Fastfood 1,0
Körperpflege, Kosmetik 1,0
Computer(-software), Videogames 1,0
Hobbys 0,9
anderes 4,4
Stand 2005
Quelle: iconkids & youth
© Globus 0026

THEMA

Taschengeld – muss das sein?

LERNZIELE

- Wissen, dass Taschengeld eine freiwillige Leistung der Eltern ist und von Faktoren abhängt
- Abschätzen der Notwendigkeit von Taschengeld
- Erkennen, dass Taschengeld zum wirtschaftlichen Umgang mit Geld führen kann

ARBEITSMITTEL / MEDIEN / LITERATURHINWEISE

- Folie 1 (Sabrina/Klaus), Folie 2 (Wovon Taschengeld abhängt), Folie 3 (Tafelbild), Folie 4 (Regeln zum Taschengeld); Arbeitsblatt

TAFELBILD / FOLIEN

Taschengeld – muss das sein?

Gründe für das Taschengeld:

- Man kann sich eigene Wünsche erfüllen.
- Man lernt, sich sein Geld sinnvoll einzuteilen und für die richtigen Dinge auszugeben.

➪ haushalten und wirtschaften

Wie viel Taschengeld ist sinnvoll?

Alter des Kindes –	Höhe des Taschengeldes:
6 - 7 Jahre	1,5 - 2 Euro wöchentlich
8 - 9 Jahre	2 - 2,5 Euro wöchentlich
10 - 12 Jahre	10 - 12 Euro monatlich
13 - 15 Jahre	17 - 20 Euro monatlich

Merke:
Ob und wie viel Taschengeld Kinder und Jugendliche erhalten, hängt auch vom Einkommen der Eltern, der Anzahl der Kinder und dem Alter der Kinder ab.

➪ Taschengeld kann sinnvoll sein, damit man den Umgang mit Geld lernt.

STUNDENBILD

I. Hinführung

Stummer Impuls	Folie 1	Gespräch zwischen Sabrina und Klaus
		SSS: Die beiden unterhalten sich über Taschengeld.
		SSS: Klaus bekommt kein Taschengeld.
Zielangabe	TA	Taschengeld – muss das sein?

II. Erarbeitung

		L: Was sagst du dazu?
		SSS äußem sich
	Arbeitsblatt	
		L: Ich habe dir zwei Beispiele mitgebracht, warum Taschengeld sinnvoll sein kann.
		SSS lesen und bearbeiten Arbeitsaufträge
	TA	Arbeitsauftrag 1: Sammeln der Lösungen
		L: Müssen Eltern Taschengeld bezahlen?
		SSS vermuten
	Folie 2	Wovon Taschengeld abhängt
		SSS lesen und erkennen
		L: Wie viel Taschengeld ist sinnvoll?
		SSS lesen Orientierungswerte ab
	TA	Merksatz

III. Sicherung

	TA / Folie 3	SSS übernehmen TA / Folie 3 als Eintrag

IV. Vertiefung

LSG		L: Was sagst du jetzt zu der Meinung der Eltern von Klaus?
		SSS äußern sich
	TA	Ergänzung des Merksatzes
		L: Hältst du persönlich Taschengeld für sinnvoll? Begründe deine Meinung.
		SSS begründen
	Folie 4	Regeln für das Taschengeld
		SSS interpretieren Regeln

AWT	Name	Klasse	Datum	Nr.

Beispiel 1:

Nicht alle Wünsche gehen in Erfüllung

Der 13-jährige Klaus und sein Freund Peter stehen vor dem Schaufenster eines Elektrogeschäfts in der Donauwörther Reichsstraße. Peter ruft seinem Freund zu: „Schau mal, Klaus! Da liegt die neue CD von Tokio Hotel. Die habe ich mir schon wochenlang gewünscht. Außerdem kostet sie nur 8,99 €. Die kaufe ich mir jetzt von meinem Taschengeld."

Kurz darauf kommt Peter freudestrahlend mit der CD in der Hand aus dem Geschäft. Daraufhin sagt Klaus traurig: „Du hast es gut. Du kannst dir deine Wünsche wenigstens mit deinem eigenen Geld erfüllen. Wenn ich die CD haben will, dann muss ich erst meine Mutter um Erlaubnis und um Geld bitten. Aber ich weiß jetzt schon, dass mir meine Mutter diese Freude nicht machen wird."

Beispiel 2:

„Was Hänschen nicht lernt, lernt Hans nimmermehr!"

Frau Huber: „Grüß Gott, Frau Maier. Waren Sie auch beim Einkaufen?"

Frau Maier: „Ah, Grüß Gott, Frau Huber. Ja, leider. Jetzt habe ich wieder mal mein ganzes Haushaltsgeld ausgegeben."

Frau Huber: „Das ist mir noch nie passiert. Ich schreibe mir zu Hause immer auf, was ich alles für die ganze Woche brauche. Außerdem studiere ich die zahlreichen Werbeprospekte der Supermärkte nach Sonderangeboten durch."

Frau Maier: „Das wäre mir zu viel Aufwand. Ich nehme mir einfach das aus dem Regal, was mir gerade in den Sinn kommt."

Frau Huber: „Was sagt denn Ihr Mann dazu?"

Frau Maier: „Der schimpft mich dann immer zu Hause und behauptet, *ich hätte als Kind wohl nie Taschengeld bekommen, sonst hätte ich das Haushalten und Wirtschaften mit Geld gelernt.*"

Frau Huber: „Na ja, wo er Recht hat, da hat er Recht."

Arbeitsauftrag für die Partnerarbeit:

1. In den beiden Beispielen sind Gründe genannt, weshalb es sinnvoll sein kann, dass Kinder und Jugendliche Taschengeld bekommen sollten. Schreibe diese Gründe heraus.
2. „Was Hänschen nicht lernt, lernt Hans nimmermehr!" Bist du auch dieser Meinung? Begründe.
3. Findest du, dass Taschengeld sein muss?

Wovon Taschengeld abhängt

Eine wichtige Rolle für das Taschengeld spielen das *Einkommen der Eltern*, die *Anzahl der Kinder* in einer Familie und das *Alter der Kinder*. Wie ihr heute schon mitbekommen habt, beeinflusst auch die *Umgebung der Kinder* wie *Schule*, *Freundeskreis* oder *Nachbarkinder* die Höhe des Taschengeldes.

Orientierungswerte für das Taschengeld von Kindern und Jugendlichen

Die Jugendämter empfehlen folgende Taschengeldregelung:

Alter des Kindes –	Höhe des Taschengeldes:
6 - 7 Jahre	1,5 - 2 Euro wöchentlich
8 - 9 Jahre	2 - 2,5 Euro wöchentlich
10 - 12 Jahre	10 - 12 Euro monatlich
13 - 15 Jahre	17 - 20 Euro monatlich

Regeln für das Taschengeld:

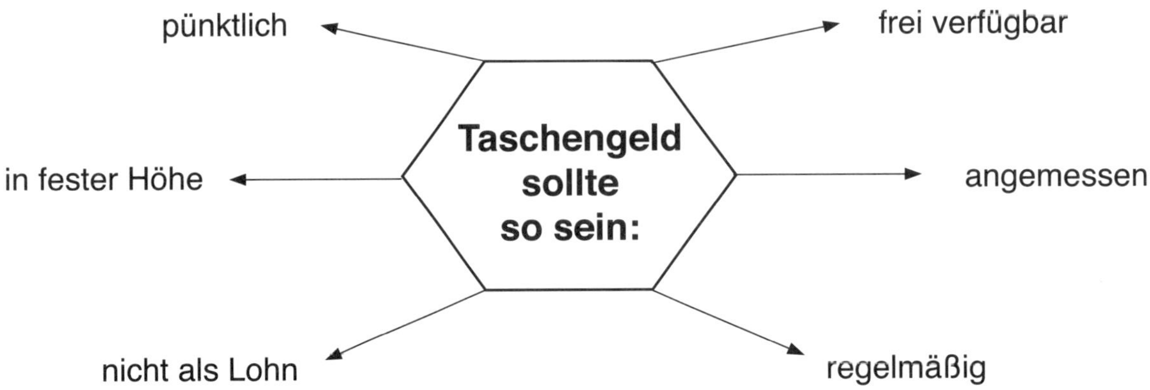

THEMA

Wo bleibt mein Geld?

LERNZIELE

- Wissen, dass es sinnvoll ist, seine Einnahmen und Ausgaben aufzuschreiben
- Erkennen, dass es hilfreich ist, sich sein Geld einzuteilen
- Notwendige und unnötige Ausgaben einschätzen können

ARBEITSMITTEL / MEDIEN / LITERATURHINWEISE

- Folie 1 (Mutter/Tochter - auf Arbeitsblatt), Folie 2 (Tafelbild), Folie 3 (Grafik: Finanzkräftige Kids)
- Arbeitsblatt

TAFELBILD / FOLIEN

Wo bleibt mein Geld?

➪ Petra hat sich von ihrem Geld Sachen gekauft, die sie nicht dringend braucht (z. B. Süßigkeiten, Eis ...)

➪ Petra hätte auf Kleinigkeiten verzichten können (z. B. Poster, Zeitschriften)

⇨ Petra hätte besser zuerst das kaufen sollen, was dringend notwendig ist.

Tipps:

- Teile dein monatliches Taschengeld auf vier Wochen auf. Das verschafft einen besseren Überblick.
- Schreibe deine Einnahmen und Ausgaben auf.

STUNDENBILD

I. Hinführung

Stummer Impuls	Folie 1	Streit: Mutter / Tochter Petra SSS: Mutter und Tochter streiten sich. SSS: Petra hat bereits nach wenigen Tagen ihr Taschengeld ausgegeben.
Zielangabe	TA	Wo bleibt mein Geld?

II. Erarbeitung

		L: Was ist wohl passiert? SSS äußern sich
	Arbeitsblatt 1	L: Wo genau Petras Geld geblieben ist, könnt ihr auf dem Arbeitsblatt lesen. SSS lesen und bearbeiten Arbeitsaufträge
	TA	Arbeitsaufträge 1-3: Sammeln der Lösungen L: Könnt ihr Petra ein paar Tipps geben, damit das nicht mehr passiert? SSS geben Tipps

III. Sicherung

	TA / Folie 2	SSS übernehmen TA / Folie 2 als Eintrag

IV. Vertiefung

LSG		Arbeitsauftrag 4 L: Was sagst du zu den Eltern von Petra? SSS äußern sich L: Wie geht es dir mit deinem Taschengeld? Reicht dir dein Geld? Wofür gibst du es immer aus? SSS äußern sich
	Folie 3	Grafik: Finanzkräftige Kids SSS interpretieren Grafik, stellen Parallelen her
	Arbeitsblatt 2	L: Damit es euch nicht so geht wie Petra und ihr den Überblick über eure Ausgaben nicht verliert, bekommt jeder von mir ein Übersichtsblatt. Damit können wir genau erkunden, wofür unsere Klasse das Taschengeld ausgibt.

AWT	Name	Klasse	Datum	Nr.

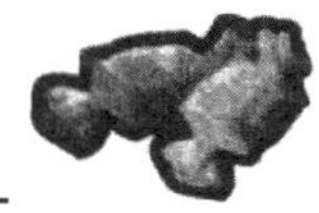

Petra hat ein Problem

Petra hatte am Monatsanfang ihre 20 Euro Taschengeld bekommen. Sie fuhr in die Stadt und kaufte ein. Als sie nach Hause kam, *hatte sie beinahe ihr ganzes Geld ausgegeben* und bat ihre Eltern um eine Erhöhung bzw. einen Vorschuss in Höhe von etwa 18 Euro, da sie noch verschiedene Artikel dringend benötigte.

Petras Eltern lehnten jedoch ihre Bitte ab. Auf die Frage, was sie sich denn mit dem ganzen Geld gekauft hatte, wusste sie nichts zu antworten. Daher forderten sie ihre Eltern erst einmal auf, sämtliche Ausgaben in eine Spalte und das, was sie noch braucht, in eine andere Spalte zu schreiben. Das kam dabei heraus:

Petras Ausgaben	€
Eisdiele	2,00
Süßigkeiten	1,00
Poster	2,00
CD	8,00
Zeitschriften	6,00
Ausgaben insgesamt	**19,00**

Petra braucht aber unbedingt	€
Briefpapier	1,00
Briefmarken	1,10
Bastelmaterial	2,50
Kosmetikartikel	10,00
Fotos	4,00
Notwendige Ausgaben	**18,60**

Arbeitsauftrag für die Partnerarbeit:

1. In der Tabelle oben sind Petras Ausgaben verzeichnet. Streiche grün an, welche „Dinge“ Petra wirklich dringend braucht.
2. Streiche rot an, auf welche „Dinge“ Petra hätte verzichten können.
3. Kannst du dir nun vorstellen, welchen Fehler Petra gemacht hat?
4. Weshalb haben ihre Eltern eine Erhöhung bzw. einen Vorschuss abgelehnt? Kannst du ihre Eltern verstehen?

Wo bleibt mein Geld? Einnahmen und Ausgabenplan im ___________

Einnahmen			Ausgaben		
Datum	Grund	Betrag in €	Datum	Grund	Betrag in €
Summe			Summe		

THEMA

Wofür geben Kathi und Renate ihr Geld aus?

LERNZIELE

- Wissen, wofür Kinder und Jugendliche ihr Geld ausgeben
- Einkaufsmöglichkeiten kennen
- Erkennen, dass Werbung besonders auf Heranwachsende abzielt, da sie über enorme Kaufkraft verfügen

ARBEITSMITTEL / MEDIEN / LITERATURHINWEISE

- Folie 1 (Grafik: Das Taschengeld der Kids), Folie 2 (Tafelbild), Folie 3 (Grafik: Werbung)
- Arbeitsblatt

TAFELBILD / FOLIEN

Wofür geben Kathi und Renate ihr Geld aus?

Schule
- Stifte
- Block

Kleidung
- modische Flip-Flops
- neues T-Shirt

Freizeit / Hobby
- neue Bravo
- Kino

Essen und Getränke
- Eis essen
- Süßigkeiten

Geschenke für Freunde und Familie
- Muttertag
- Geschenk für die Freundin

(+ individuelle Nennungen der Schüler)

Einkaufsmöglichkeiten:
Supermarkt, Kaufhaus, Zeitschriftenhändler, Internet, Versandhaus, Fachgeschäft, ...

Merke:
Kinder und Jugendliche sind ein wichtiger Wirtschaftsfaktor, da sie sehr viel Geld zur Verfügung haben. Die Werbung möchte deshalb besonders sie ansprechen.

STUNDENBILD

I. Hinführung

Stummer Impuls	Folie 1	Grafik: Das Taschengeld der Kids SSS: Taschengeld von Kindern SSS: Kids geben ihr Geld aus für ... L: Auch Kathi und Renate sprechen davon, wofür sie Geld ausgeben.
Zielangabe	TA	Wofür geben Kathi und Renate ihr Geld aus?

II. Erarbeitung

		L: Was denkst du? SSS äußern sich
	Arbeitsblatt	
		L: Wofür die beiden ihr Geld im vergangenen Monat gebraucht haben, könnt ihr auf dem Arbeitsblatt lesen. SSS lesen und bearbeiten Arbeitsaufträge
	TA	Arbeitsaufträge 1-3: Sammeln und ordnen der Lösungen L: Lasst uns Überbegriffe für die Beispiele finden.

III. Sicherung

		L: Übertrage die TA in dein Heft und ergänze jeden Überbegriff mit je zwei Beispielen aus deiner eigenen Einnahmen – Ausgabentabelle
	TA / Folie 2	SSS übernehmen TA / Folie 2 als Eintrag

IV. Vertiefung

LSG		Arbeitsauftrag 4 L: Wie war es für dich deine Einnahmen und Ausgaben zu notieren? SSS äußern sich L: Erinnert ihr euch noch an das vergangene Schuljahr?
	Folie 3	Grafik: Werbung legt zu SSS äußern sich zu Werbung im TV ➪ am meisten schauen Kinder TV ➪ Werbung zielt auf Kinder ab
	TA	Merksatz / Begriffsklärung • Wirtschaftsfaktor • Kaufkraft

AWT	Name	Klasse	Datum	Nr.

Kathi und Renate unterhalten sich über ihre Ausgaben im vergangenen Monat:

Kathi:

„Also ich habe einen Teil meines Geldes für neue Stifte ausgegeben. Meine Lehrerin meinte, dass ich meinen Kohlebleistift gegen einen Minenbleistift eintauschen sollte, da ich ja sowieso immer das Spitzen vergesse. Im Supermarkt habe ich sogar einen recht günstigen entdeckt. Dann habe ich mir noch neue, modische Flip-Flops im Kaufhaus „WOHIN" geleistet, da meine alten vom vergangenen Jahr nicht mehr salonfähig waren. Außerdem genehmigte ich mir noch zweimal Eisessen und die neue Bravo lag auch schon beim Zeitschriftenhändler. Gut, dass ich im Monat zuvor so sparsam war und noch etwas übrig hatte. Sonst hätte es wohl nur noch für ein kleines Geschenk zum Muttertag gereicht."

Renate:

„Bei mir war es zwar kein Bleistift, aber auch ich musste mir etwas für die Schule leisten. Mein karierter Block war schon wieder alle. Dann habe ich beim Shoppen ein T-Shirt entdeckt, das mir aber zu teuer war. Zu Hause surfte ich im Internet und fand dasselbe Shirt um die Hälfte billiger. Natürlich habe ich sofort bestellt – und zwei Tage später war es auch schon da. Außerdem ging ich dann noch mit Freunden ins Kino und leistete mir auch eine Tüte Popcorn. Naja, jedenfalls hat mir mein Taschengeld nicht gereicht, weil ich noch ein Geschenk für meine Freundin brauchte. Aber für solche Fälle habe ich ja gespart und mir den fehlenden Betrag vom Sparbuch geholt."

Arbeitsauftrag für die Partnerarbeit:

1. Schreibe heraus, wofür Kathi und Renate ihr Geld ausgegeben haben.
2. Versucht diese „Dinge" zu ordnen. Was könnte zusammengehören?
3. Welche Einkaufsmöglichkeiten nennen Kathi und Renate? Unterstreiche sie im Text.
4. Schreibe weitere Einkaufsmöglichkeiten auf.

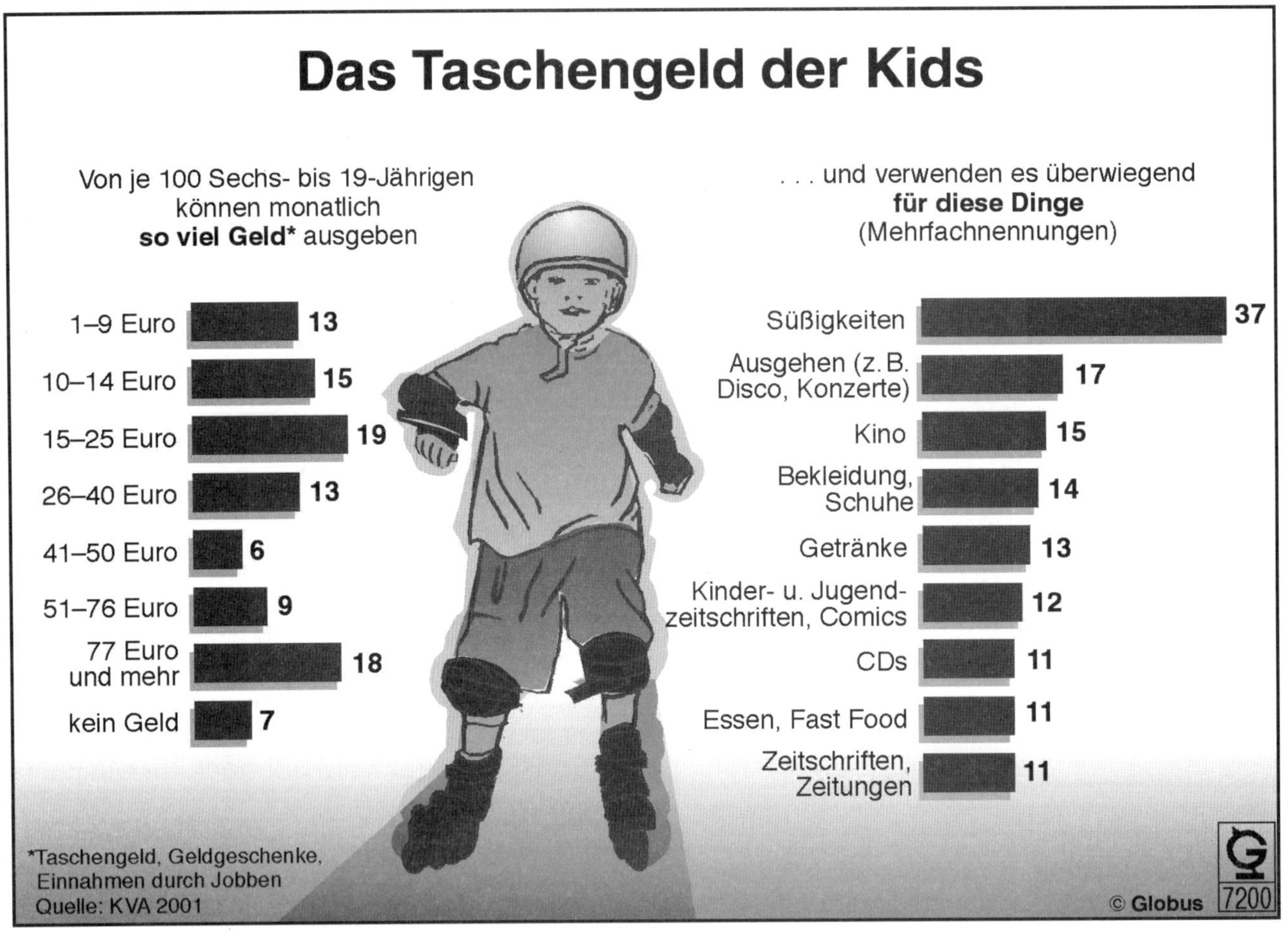
Das Taschengeld der Kids
Von je 100 Sechs- bis 19-Jährigen können monatlich so viel Geld* ausgeben
1–9 Euro 13
10–14 Euro 15
15–25 Euro 19
26–40 Euro 13
41–50 Euro 6
51–76 Euro 9
77 Euro und mehr 18
kein Geld 7
... und verwenden es überwiegend für diese Dinge (Mehrfachnennungen)
Süßigkeiten 37
Ausgehen (z. B. Disco, Konzerte) 17
Kino 15
Bekleidung, Schuhe 14
Getränke 13
Kinder- u. Jugendzeitschriften, Comics 12
CDs 11
Essen, Fast Food 11
Zeitschriften, Zeitungen 11
*Taschengeld, Geldgeschenke, Einnahmen durch Jobben
Quelle: KVA 2001
© Globus
7200

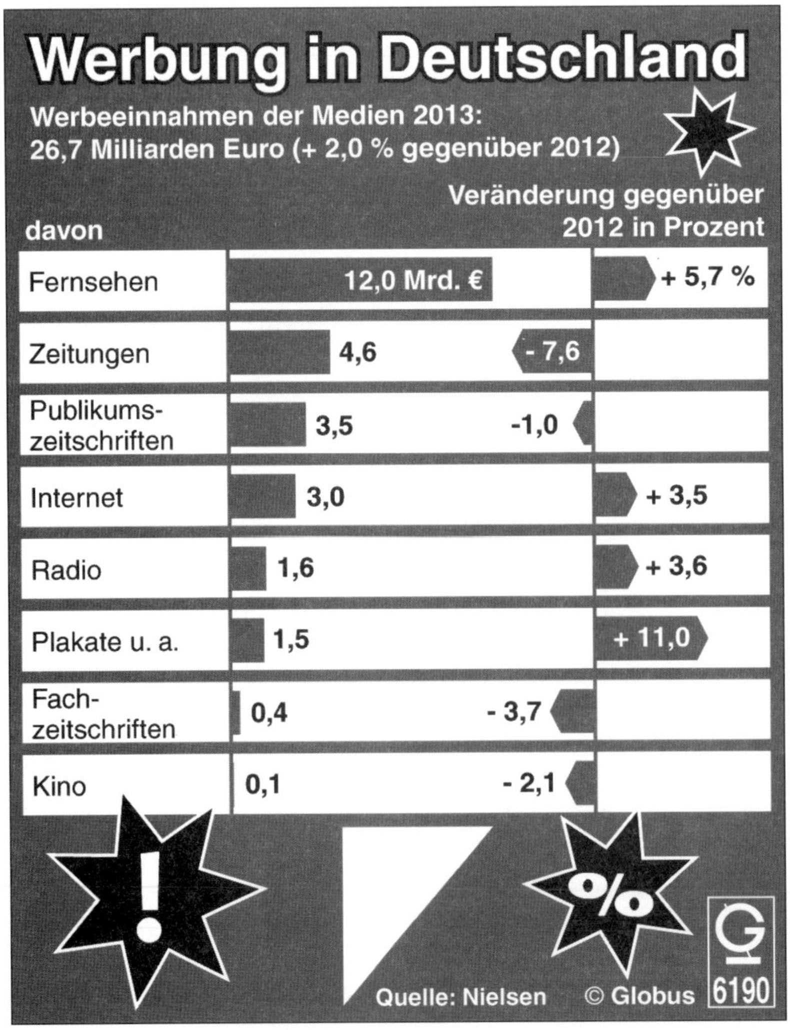
Werbung in Deutschland
Werbeeinnahmen der Medien 2013: 26,7 Milliarden Euro (+ 2,0 % gegenüber 2012)
davon
Veränderung gegenüber 2012 in Prozent
Fernsehen 12,0 Mrd. € + 5,7 %
Zeitungen 4,6 - 7,6
Publikumszeitschriften 3,5 -1,0
Internet 3,0 + 3,5
Radio 1,6 + 3,6
Plakate u. a. 1,5 + 11,0
Fachzeitschriften 0,4 - 3,7
Kino 0,1 - 2,1
%
Quelle: Nielsen
© Globus
6190

THEMA Wie kann Stefan verantwortungsbewusst mit seinem Geld umgehen?

LERNZIELE

- Wissen, wie man verantwortungsbewusst mit seinem Geld umgeht
- Möglichkeiten kennen, um weniger Geld auszugeben
- Eigenes Kaufverhalten an den Tipps ausrichten

ARBEITSMITTEL / MEDIEN / LITERATURHINWEISE

- Folie 1 (Stefans Einkäufe), Folie 2 (Tafelbild), Folie 3 (Tipps vom Profi)
- Arbeitsblatt

TAFELBILD / FOLIEN

Wie kann Stefan verantwortungsbewusst mit seinem Geld umgehen?

➪ Ausleihen statt kaufen:
- Bücher aus der Bücherei entleihen
- PC-Spiel

➪ Sonderangebote nutzen:
- Kinotag
- Familientage nutzen

➪ Gebraucht statt neu:
- CD-Börse
- Spiele

(+ Beispiele Schüler)

➪ **Tipps für verantwortungsbewusstes Kaufverhalten:**
- Ist der Kauf notwendig?
- Habe ich mich genügend über das Produkt informiert?
- Habe ich die Preise verglichen?
- Habe ich das nötige Geld für diesen Kauf?

(+ Tipps der Schüler, z. B.: Nur das Geld ausgeben, das man hat.)

STUNDENBILD

I. Hinführung

Stummer Impuls	Folie 1a	Bilder: Einkäufe von Stefan SSS: Stefan hat eine Menge eingekauft.
	Folie 1b	Meinung von Paul SSS: Paul denkt, er hat zu viel ausgegeben. Stefan hat wenig verantwortungsbewusst eingekauft.
Zielangabe	TA	Wie kann Stefan verantwortungsbewusst mit seinem Geld umgehen?

II. Erarbeitung

		L: Wie gehst du verantwortungsbewusst mit deinem Geld um? SSS äußern sich
	Arbeitsblatt	
		L: Paul nörgelt aber nicht nur an Stefan rum, sondern er hat auch ein paar gute Ideen. SSS lesen und bearbeiten Arbeitsaufträge
	TA	Arbeitsaufträge 1-3: Sammeln der Lösungen

III. Sicherung

		L: Deine Aufgabe ist es nun, die Tafelanschrift in dein Heft einzutragen und um weitere Beispiele zu ergänzen.
	TA / Folie 2	SSS übernehmen TA / Folie 2 als Eintrag

IV. Vertiefung

LSG		L: Ist es wirklich immer sinnvoll, nur auf den Preis zu achten? SSS äußern sich (Qualität + Preis sollen stimmen)
	Folie 3	Tipps vom Profi L: Viel Geld kann man sich auch sparen, wenn man keine Marken-Klamotten kauft. Was meinst du dazu? SSS äußern sich ➪ evtl. Zeitschrift „test" vorzeigen

AWT	Name	Klasse	Datum	Nr.

____

____

1. ____

Viele Dinge muss man nicht unbedingt kaufen, man kann sie auch leihen. Gerade bei Büchern kann man sich eine Menge Geld sparen. Du hättest dir das Buch in der Bücherei entleihen können. Auch bei den PC-Spielen ist es so. Diese Spiele kosten eine Menge Geld. Dabei habe ich das Spiel letzte Woche von meiner Patentante geschenkt bekommen. Hättest du mich nur gefragt. Ich hätte es dir doch auf jeden Fall ausgeliehen. Ich habe so viel gespielt, dass ich sowieso erst mal eine Pause brauche.

2. ____

Musstest du unbedingt am Montag ins Kino gehen? Es war doch die ganze Woche Ferien. Hast du eigentlich noch nicht gehört, dass am Dienstag in unserem Kino Kinotag ist? Da kostet die Karte nur die Hälfte. Da ist dann sogar noch Popcorn und Cola drin. Wenn bei uns Volksfest ist, dann gehst du doch auch hauptsächlich am Familientag hin, weil es da die Fahrchips zum halben Preis gibt.

3. ____

Und für CDs habe ich auch noch einen heißen Tipp. Versuch's doch mal auf einer CD-Börse. Das spart erstens Geld und es macht zweitens riesig Spaß, sich durch die ganzen CDs zu wühlen. Bei einer CD ist es auch egal, ob sie schon mal gespielt ist. Und falls du glaubst, dass es dort nur altmodische Dinger gibt, dann weit gefehlt. Oft bekommt man eine CD zweimal geschenkt und man braucht sie nicht doppelt. Viele verkaufen sie dann auf dieser CD-Börse. Solltest du sie nicht finden, dann kannst du immer noch Prospekte durchschauen und entdeckst vielleicht ein Sonderangebot irgendwo. So habe ich mir schon einiges an Geld gespart. Es gibt übrigens auch bereits auf Flohmärkten CDs und Spiele sowieso.

Arbeitsaufträge für die Partnerarbeit:

1. Paul gibt Stefan ein paar gute Tipps. Finde Überbegriffe für jeden Tipp.
2. Wann macht es Sinn, sich ein Buch zu kaufen statt es zu entleihen? Überlege.
3. Wo gibt es in deiner Umgebung Ermäßigungen für Familien oder Kinder bzw. Jugendliche?

Stefan ist stolz auf seine Einkäufe in diesem Monat:

Doch sein Freund Paul fragt entsetzt:
„Und das hast du alles neu gekauft? Du gehst aber wenig verantwortungsbewusst mit deinem Geld um!“

Tipps vom Profi:

Überlege:

- **Ist der Kauf notwendig?**
- **Habe ich mich genügend über das Produkt informiert?**
- **Habe ich die Preise verglichen?**
- **Habe ich das nötige Geld für diesen Kauf?**

THEMA

Darf sich Michael das PC-Spiel kaufen?

LERNZIELE

- Wissen, ab welchem Alter man geschäftsunfähig, beschränkt geschäftsfähig oder voll geschäftsfähig ist
- Fälle anhand des Bürgerlichen Gesetzbuchs (BGB) beurteilen können
- Kennenlernen des „Taschengeldparagraphen“

ARBEITSMITTEL / MEDIEN / LITERATURHINWEISE

- Folie 1 (Michael/Stefan/Peter), Folie 2 (Michael/Mutter), Folie 3 (§ 108), Folie 4 (Tafelbild), Folie 5 (Lösungen der Fallbeispiele), Folie 6 (§ 110 „Taschengeldparagraph“)
- Arbeitsblatt

TAFELBILD / FOLIEN

Darf sich Michael das PC-Spiel kaufen?

Michael (12 Jahre) ist mit seinen Freunden beim Shoppen in der Stadt. Im Kaufhaus entdeckt er das von ihm schon lange heiß begehrte PC-Spiel „Paperbag“. Da er vorgestern erst Taschengeld bekommen hat, ist er noch flüssig und kauft sich dieses Spiel. Auf die Frage seiner Freunde, ob er das auch darf und seine Eltern damit einverstanden sind, meint Michael: „Meine Eltern sagen immer, dass das mein Geld ist. Also kann ich damit machen, was ich will!“

unter 7 Jahren	7 bis unter 18 Jahre	ab 18 Jahren (volljährig)
geschäftsunfähig	beschränkt geschäftsfähig (Zustimmung der Eltern / Erziehungsberechtigten) muss gegeben sein)	voll geschäftsfähig

➪ Michael darf sich das PC-Spiel kaufen, wenn seine Eltern damit einverstanden sind.

Ohne Zustimmung der Eltern:

➪ Seine Eltern sind im Recht, wenn sie das Spiel zurückbringen und das Geld zurückverlangen.

STUNDENBILD

I. Hinführung

Stummer Impuls	Folie 1	Gespräch: Michael/Peter/Stefan SSS äußern sich
Zielangabe	TA	Darf sich Michael das PC-Spiel kaufen?

II. Erarbeitung

		L: Wie ist deine Meinung? SSS äußern sich
	Arbeitsblatt	
		L: Schauen wir uns den Fall mal genauer an und wenden auch das Gesetz dazu an. SSS lesen und bearbeiten Arbeitsauftrag
	TA	Arbeitsauftrag: Sammeln der Lösungen
	Folie 2	Gespräch: Michael/Mutter L: Michael kommt stolz nach Hause und dann so etwas! SSS: Die Mutter möchte das Spiel zurückbringen und das Geld zurückhaben.
	Folie 3	§ 108 BGB L: Darf sie das? SSS äußern sich

III. Sicherung

	TA / Folie 4	SSS übernehmen TA / Folie 4 auf Arbeitsblatt oder als Eintrag L: Auf deinem Blatt findest du weitere Fallbeispiele. Bearbeite sie mit deinem Partner.

IV. Vertiefung

LSG		L: Klären der Fallbeispiele
	Folie 5	Lösungen der Fallbeispiele
Provokation		L: Das heißt also, dass du bei jedem Kauf erst die Zustimmung deiner Eltern einholen musst. SSS äußern sich
	Folie 6	§ 110 BGB L: Es gibt noch einen Text im BGB, den sogenannten „Taschengeldparagraphen“. Der besagt noch mehr.
L verweist auf die nächste Stunde		

AWT	Name	Klasse	Datum	Nr.

Michael (12 Jahre) ist mit seinen Freunden beim Shoppen in der Stadt. Im Kaufhaus entdeckt er das von ihm schon lange heiß begehrte PC-Spiel „Paperbag". Da er vorgestern erst Taschengeld bekommen hat, ist er noch flüssig und kauft sich dieses Spiel. Auf die Frage seiner Freunde, ob er das auch darf und seine Eltern damit einverstanden sind, meint Michael: „Meine Eltern sagen immer, dass das mein Geld ist. Also kann ich damit machen, was ich will!"

Laut Bürgerlichem Gesetzbuch (BGB) gelten folgende Regelungen:

unter 7 Jahren	7 Jahre bis unter 18 Jahren	ab 18 Jahren (volljährig)
geschäftsunfähig	beschränkt geschäftsfähig (Zustimmung der Eltern/ Erziehungsberechtigten muss gegeben sein)	voll geschäftsfähig

Arbeitsaufträge für die Partnerarbeit:
Darf sich Michael das Spiel kaufen? Begründe deine Antwort. Die Tabelle oben hilft dir dabei.

Beantworte diese Fälle auf einem Blockblatt:

1. Fritz (6) wünscht sich sehnlichst einen neuen Fußball. Da sein Freund zwei nagelneue Bälle hat, bietet er ihm an: „Kauf mir doch einen Ball ab. Ich mach dir auch einen Sonderpreis." Fritz ist happy und bezahlt ihm 10 Euro.

2. Die 12-jährige Susi erhält von ihren Eltern 20 Euro, damit sie sich die neue CD von „AME" kaufen kann. Sie geht ins Kaufhaus und bezahlt 14,69 Euro. Für den Rest des Geldes kauft sie sich noch eine Zeitschrift.

3. Martin (16) spart seit langem auf einen DVD-Player. Als er endlich 99 Euro gespart hat, geht er zum Fachhändler und erfüllt sich ohne das Wissen seiner Eltern den Traum.

4. Sabrina (18) hat zu ihrem Geburtstag Geldgeschenke im Wert von 200 Euro geschenkt bekommen. Sie kauft sich ohne Wissen der Eltern einen Fernseher für ihr Zimmer.

Folie 1 (oder Hörspiel):
Michael geht mit seinen Freunden Peter und Stefan zum Shoppen. In einem Kaufhaus entdeckt er ein PC-Spiel.

Michael: „Wow, dieses Spiel habe ich mir schon lange gewünscht."
Peter: „Paperbag muss echt ein cooles Spiel sein."
Stefan: „Ja, aber leider reicht mein Taschengeld immer nie dafür, dass ich mir solche Sachen kaufen kann."
Michael: „Du musst eben verantwortungsbewusster mit deinem Taschengeld umgehen! Schau mich an. Ich habe noch 15 Euro diesen Monat. Aber ich war auch echt sparsam."
Peter: „Selbst wenn ich das Geld hätte, dann könnte ich es mir nicht kaufen."
Stefan: „Warum denn nicht?"
Peter: „Meine Eltern haben prinzipiell etwas gegen PC-Spiele. Sie meinen, ich sollte mich mehr auf die Schule konzentrieren."
Michael: „Da habe ich es wohl besser. Meine Eltern sagen immer, dass ich mit meinem Taschengeld machen darf, was ich will. Und deshalb kaufe ich mir dieses Spiel jetzt."

Folie 2:
Zu Hause angekommen präsentiert Michael sein Spiel stolz seiner Mutter.

Michael: „Endlich habe ich das Spiel „Paperbag" zu einem vernünftigen Preis entdeckt. Schau mal!"
Mutter: „Du hast doch schon so viele solcher Spiele!"
Michael: „Ja, aber das ist echt spitze und garantiert erlaubt für Kinder unter 16 Jahren!"
Mutter: „Das ist mir egal. Ich bringe dieses Spiel jetzt zurück und lasse mir das Geld zurückzahlen."
Michael: „Das kannst du nicht! Ich kann mit meinem Geld machen, was ich will!"
Mutter: „Nur solange ich damit einverstanden bin!"

Folie 3:
§ 108 BGB:
Kinder dürfen ohne Einwilligung der Eltern keinen Kaufvertrag abschließen. Der Verkäufer muss in diesem Fall die Ware zurücknehmen, wenn die Eltern dies fordern.

Folie 5:
Lösungen der Fallbeispiele:
1. Nein! Fritz ist nicht geschäftsfähig und darf sich den Ball nicht kaufen.
2. Der Kauf der CD geht in Ordnung, aber die Zeitschrift darf sie sich ohne Zustimmung der Eltern nicht kaufen, da sie das Geld nur für die CD bekommen hat. Ihre Eltern hätten das Recht, die Zeitschrift zurückzugeben und das Geld wieder zu verlangen.
3. Nein! Ohne Wissen bzw. Zustimmung seiner Eltern darf er sich den DVD-Player nicht kaufen.
4. Ja! Sabrina ist volljährig und somit voll geschäftsfähig.

Folie 6:
§ 110 BGB „Taschengeldparagraph":
Ein von dem Minderjährigen ohne Zustimmung des gesetzlichen Vertreters geschlossener Vertrag gilt als von Anfang an wirksam, wenn der Minderjährige die vertragsmäßige Leistung mit Mitteln bewirkt, die ihm zu diesem Zwecke oder zu freier Verfügung von dem Vertreter oder mit dessen Zustimmung von einem Dritten überlassen worden sind.

THEMA Darf sich Markus die Digitalkamera kaufen? Der Taschengeldparagraph

LERNZIELE

- Wissen, dass der Taschengeldparagraph Kaufverträge von Kindern und Jugendlichen regelt
- Beurteilung eines Falls anhand des Taschengeldparagraphen
- Sinn des Taschengeldparagraphen kennen und wissen, dass er zum Schutz der Kinder und Jugendlichen geschaffen worden ist

ARBEITSMITTEL / MEDIEN / LITERATURHINWEISE

- Folie 1a (Markus), Folie 1b (§ 110 „Taschengeldparagraph“), Folie 2 (Tafelbild), Folie 3 (Jugendschutzgesetz)
- Arbeitsblatt

TAFELBILD / FOLIEN

Darf sich Markus die Digitalkamera kaufen?

Der Taschengeldparagraph:

Minderjähriger:	noch nicht 18 Jahre alt
wirksam:	gültig
vertragsmäßige Leistung:	Gegenstand, der gekauft wird
mit Mitteln bewirkt:	Bezahlung im Umfang von Taschengeldbeträgen
Vertreter:	Mutter / Vater, Erziehungsberechtigter
ein Dritter:	Onkel, Tante, Bekannte

Im Beispiel von Markus:

Minderjähriger:	Markus, unter 18 Jahre
vertragsmäßige Leistung:	Digitalkamera
mit Mitteln bewirkt:	Betrag 150 € + 30 €
Vertreter:	Mutter
ein Dritter:	Oma

Markus darf sich die Digitalkamera nicht kaufen, weil die Kamera nicht mit Mitteln (Geld) bezahlt wird, die im Umfang von Taschengeldbeträgen zu diesem Zweck zur Verfügung gestellt ist. Außerdem fehlt ihm die Zustimmung seiner Mutter, dass er das Geldgeschenk seiner Oma für die Kamera verwenden kann.

STUNDENBILD

I. Hinführung

Stummer Impuls	Digitalkamera	L zeigt Digitalkamera
	Folie 1a	Markus kauft sich eine Digitalkamera
		SSS äußern sich
Zielangabe	TA	Darf sich Markus die Digitalkamera kaufen?

II. Erarbeitung

		L: Wie ist deine Meinung?
		SSS äußern sich
		L: Es gibt ja den sog. Taschengeldparagraphen. Er hilft uns, diesen Fall zu beurteilen. Dazu müssen wir den Paragraphen aber erst verstehen.
	Folie 1b	§ 110 BGB „Taschengeldparagraph“
	Arbeitsblatt	SSS lesen und bearbeiten Arbeitsauftrag 1 Begriffsklärung
	TA / Folie 2	Arbeitsauftrag 1: Sammeln der Lösungen
		Transfer: Übertrag der Begriffe auf den Fall „Markus“
		SSS erarbeiten Arbeitsauftrag 2
	TA / Folie 2	Arbeitsauftrag 2: Sammeln der Lösungen
		L: Klärung des Falles
	TA / Folie 2	SSS äußern sich

III. Sicherung

	TA / Folie 2	SSS übernehmen TA / Folie 2 auf Arbeitsblatt oder als Eintrag

IV. Vertiefung

		L: Du darfst doch eigentlich nichts ohne Zustimmung kaufen? Und trotzdem fragt ihr nicht jedes Mal, ob ihr z. B. die Zeitschrift „Bravo‘ kaufen dürft.
LSG		Diese Zeitschrift kann im Umfang von Taschengeldbeträgen erworben werden, die mir zur freien Verfügung gestellt sind. Das geht in Ordnung
Impuls		L: Dieser Taschengeldparagraph ist doch reine Schikane!
LSG		SSS: Er dient zum Schutz der Heranwachsenden.
Provokation		L: Du darfst dir also eine Schachtel Zigaretten kaufen. Immerhin liegt das im Umfang des Taschengeldes.
	Folie 3	Jugendschutzgesetz (Ausschnitt)
		SSS: Das Jugendschutzgesetz untersagt das.

AWT	Name	Klasse	Datum	Nr.

____

Taschengeldparagraph § 110 BGB:

Ein von dem Minderjährigen ohne Zustimmung des gesetzlichen Vertreters geschlossener Vertrag gilt als von Anfang an wirksam, wenn der Minderjährige die vertragsmäßige Leistung mit Mitteln bewirkt, die ihm zu diesem Zwecke oder zu freier Verfügung von dem Vertreter oder mit dessen Zustimmung von einem Dritten überlassen worden sind.

1. Wir bestimmen Begriffe

Erkläre die unterstrichenen Begriffe in Stichworten:

- Minderjähriger: ________________
- wirksam: ________________
- vertragsmäßige Leistung: ________________
- mit Mitteln bewirkt: ________________
- Vertreter: ________________
- ein Dritter: ________________

Markus aus der Klasse 6 e möchte sich eine Digitalkamera kaufen. In den letzten Wochen und Monaten hat er dafür von seinem Taschengeld bereits 150 € angespart. Die Digitalkamera, die sich Markus beim Elektrohandel Hartel ausgesucht hat, kostet jedoch 180 €. Seine Oma schenkt ihm 30 €, damit er sich seinen Wunsch erfülen kann.
Markus ist begeistert und nimmt voller Freude seine Digitalkamera mit nach Hause. Seine Mutter ist jedoch mit dem abgeschlossenen Kaufvertrag nicht einverstanden und will diesen rückgängig machen.

2. Wir beantworten in Bezug auf das Beispiel oben?

- Minderjähriger: ________________
- vertragsmäßige Leistung: ________________
- mit Mitteln bewirkt: ________________
- Vertreter: ________________
- ein Dritter: ________________

⇨ ____

____

____

____

Markus aus der Klasse 6 e möchte sich eine Digitalkamera kaufen. In den letzten Wochen und Monaten hat er dafür von seinem Taschengeld bereits 150 € angespart. Die Digitalkamera, die sich Markus beim Elektrohandel Hartel ausgesucht hat, kostet jedoch 180 €. Seine Oma schenkt ihm 30 €, damit er sich seinen Wunsch erfüllen kann.
Markus ist begeistert und nimmt voller Freude seine Digitalkamera mit nach Hause. Seine Mutter ist jedoch mit dem abgeschlossenen Kaufvertrag nicht einverstanden und will diesen rückgängig machen.

Taschengeldparagraph § 110 BGB:

Ein von dem Minderjährigen ohne Zustimmung des gesetzlichen Vertreters geschlossener Vertrag gilt als von Anfang an wirksam, wenn der Minderjährige die vertragsmäßige Leistung mit Mitteln bewirkt, die ihm zu diesem Zwecke oder zu freier Verfügung von dem Vertreter oder mit dessen Zustimmung von einem Dritten überlassen worden sind.

Das Jugendschutzgesetz (JuSchG)

erlaubt ▯ nicht erlaubt ▮ (Dieses Gesetz gilt nicht für verheiratete Jugendliche)

Eltern müssen nicht alles erlauben, was das Gesetz gestattet. Sie tragen bis zur Volljährigkeit die Verantwortung.

		Kinder unter 14 Jahre	Jugendliche unter 16 Jahre	Jugendliche unter 18 Jahre
§4	**Aufenthalt in Gaststätten**	●	●	bis 24 Uhr
	Aufenthalt in Nachtbars, Nachtclubs oder vergleichbaren Vergnügungsbetrieben			
§5	Anwesenheit bei öffentlichen Tanzveranstaltungen, u. a. **Disco** (Ausnahmegenehmigung durch zuständige Behörde möglich)	●	●	bis 24 Uhr
	Anwesenheit bei Tanzveranstaltungen von anerkannten Trägern der Jugendhilfe. Bei künstl. Betätigung o. zur Brauchtumspflege	bis 22 Uhr	bis 24 Uhr	bis 24 Uhr
§6	**Anwesenheit in öffentlichen Spielhallen.** Teiln. an Spielen mit Gewinnmöglichkeiten			
§7	**Anwesenheit bei jugendgefährdenden Veranstaltungen und in Betrieben** (Die zuständige Behörde kann Alters- und Zeitbegrenzungen sowie andere Auflagen anordnen.)			
§8	**Aufenthalt an jugendgefährdenden Orten** (Die zuständige Behörde kann Maßnahmen zur Gefahrenabwehr treffen.)			
§9	**Abgabe / Verzehr von Branntwein, branntweinhaltigen Getränken u. Lebensmitteln**			
	Abgabe / Verzehr anderer alkoholischer Getränke; z. B. Wein, Bier o. ä. (Ausnahme: Erlaubt bei 14- u. 15-jährigen in Begleitung einer personensorgeberechtigten Person [Eltern])			
§10	**Abgabe und Konsum von Tabakwaren**			
§11	**Kinobesuche** Nur bei Freigabe des Films und Vorspanns: „ohne Altersbeschr. / ab 6 / 12 / 16 Jahren" (Kinder unter 6 Jahren nur mit einer erziehungsbeauftragten Person. Die Anwesenheit ist grundsätzlich an die Altersfreigabe gebunden! Ausnahme: „Filme ab 12 Jahren": Anwesenheit ab 6 Jahren in Begleitung einer personensorgeberechtigten Person [Eltern] gestattet.)	bis 20 Uhr	bis 22 Uhr	bis 24 Uhr
§12	**Abgabe von Filmen o. Spielen** (auf DVD, Video usw.) nur entsprechend der Freigabekennzeichen: „ohne Altersbeschr. / ab 6 / 12 / 16 Jahren"			
§13	**Spielen an elektron. Bildschirmspielgeräten** ohne Gewinnmög. nur nach den Freigabekennzeichen: „ohne Altersbeschr./ ab 6 /12 /16 Jahren"			

● = **Beschränkungen**, **Zeitliche Begrenzungen** } werden durch die Begleitung einer erziehungsbeauftragten Person aufgehoben.

THEMA Ist der Kauf des CD-Players rechtskräftig? Oder: Wie entsteht ein Kaufvertrag?

LERNZIELE

- Wissen, wann ein gültiger Kaufvertrag zustande kommt
- Möglichkeiten der Vertragsschließung kennen
- Rechte und Pflichten von Verkäufer und Käufer kennen
- Fälle anhand der rechtlichen Bestimmungen bearbeiten können

ARBEITSMITTEL / MEDIEN / LITERATURHINWEISE

- Folie 1 (Julia kauft CD-Player), Folie 2 (Tafelbild), Folie 3 (Lösungen Fallbeispiele)
- Arbeitsblatt

TAFELBILD / FOLIEN

Ist der Kauf des CD-Players rechtskräftig?

Herr Günstig / Verkäufer

Julia / Käuferin

Herr Günstig möchte einen CD-Player verkaufen, Julia möchte einen CD-Player kaufen. Sie schließen einen Kaufvertrag.

Ein Kaufvertrag kommt zustande, wenn Verkäufer und Käufer eine übereinstimmende Willenserklärung angeben. Diese Willenserklärung kann z. B. mündlich oder auch schriftlich erfolgen.

Rechte und Pflichten

Verkäufer

- Übergabe der Ware
- Annahme des Kaufpreises
- Ware darf keine Mängel haben

Käufer

- Annahme der Ware
- Zahlung des Kaufpreises

STUNDENBILD

I. Hinführung

Stummer Impuls	CD-Player Folie 1	L zeigt Julia kauft CD-Player SSS äußern sich SSS: Julia kauft einen CD-Player
Zielangabe	TA	Ist der Kauf des CD-Players rechtskräftig?

II. Erarbeitung

Rückgriff auf die vorherigen Stunden		L: Darf sie das? SSS äußern sich
	Arbeitsblatt	L: Auf deinem Arbeitsblatt hast du zusätzliche Informationen, die dir bei der Bearbeitung des Falles helfen können. Begriffsklärung SSS lesen und bearbeiten den Fall „Julia“
	TA / Folie 2	Sammeln der Lösungen Klärung des Falles
	TA	Begriffsklärungen: • Willenserklärung • Kaufvertrag L: Welche Möglichkeiten gibt es, einen Kaufvertrag abzuschließen? SSS: u. a. mündlich und schriftlich

III. Sicherung

	TA / Folie 2	SSS übernehmen TA / Folie 2 auf Arbeitsblatt oder als Eintrag L: Wenn du mit dem Eintrag fertig bist, dann bearbeite bitte die anderen Fälle.

IV. Vertiefung

	Folie 3	Lösungen der Fälle
LSG		Besprechen der Lösungen Rechte und Pflichten von Verkäufer und Käufer:
Ergänzung	TA	• Übergabe und Annahme der Ware bzw. des Geldes • Ware darf keine Mängel haben

AWT	Name	Klasse	Datum	Nr.

____

Julia (13) möchte sich einen tragbaren CD-Player kaufen. Sie hat dafür hart gespart und die nötigen 60 € zusammen. Auch ihre Eltern sind einverstanden. Im Elektrofachgeschäft unterbreitet ihr Herr Günstig auch ein tolles Angebot: Ein nagelneuer CD-Player für 59 €. Julia ist überglücklich. Herr Günstig übergibt Julia den CD-Player und Julia legt 59 € auf den Ladentisch. Ist dieser Kauf rechtskräftig?

INFO
Bei einem Kauf möchte der Verkäufer etwas verkaufen und nennt den Preis, der Käufer erklärt sich damit einverstanden und übergibt den Kaufpreis. Man spricht von einer übereinstimmenden Willenserklärung. Kaufverträge können u. a. mündlich oder schriftlich geschlossen werden.

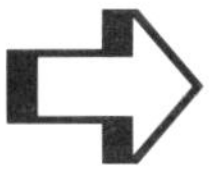

____

____

____

____

Ist der Kauf rechtskräftig oder nicht?
Bearbeite mit deinem Partner folgende Fälle auf einem Blockblatt.

1. Ramona geht zum Bäcker. „Ich hätte gerne eine Breze." „Das macht 60 Cent, bitte." Ramona legt das Geld auf den Ladentisch und erhält dafür ihre Breze.

2. Manuel sieht in der Auslage des Sportfachgeschäftes ein T-Shirt zum Spitzenpreis. Da er im Augenblick kein Geld dabei hat, fragt er den Verkäufer, ob er es ihm eine Stunde zurücklegen könnte. Er würde es auf jeden Fall kaufen. Der Verkäufer willigt ein. Manuel flitzt nach Hause und holt das Geld. Als er nach 45 Minuten wieder in den Laden kommt, meint der Verkäufer ganz nüchtern: „Ich habe das T-Shirt vor fünf Minuten verkauft. Wir haben ja keinen Vertrag abgeschlossen." Wer ist im Recht?

3. Herr und Frau Brunner suchen sich im Möbelhaus ein neues Sofa aus. Sie entscheiden sich für ein Ausstellungsstück, da es das Sofa nicht mehr zu bestellen gibt. Zuvor überzeugen sie sich, dass das Sofa in tadellosem Zustand ist. Danach schließen sie mit dem Verkäufer einen schriftlichen Kaufvertrag ab. Als das Sofa zwei Tage später eintrifft und aufgestellt wird, bemerken die Brunners, dass ein Fleck auf der Sitzfläche ist. Sie rufen im Möbelhaus an und verweigern die Annahme. Der Verkäufer meint: „Ich weiß, nachdem sie weg waren, sprang ein Kind mit Eis auf dem Sofa herum und machte diesen Fleck. Den kann man sicher reinigen. Sie müssen das Sofa sowieso in jedem Fall nehmen, da Sie ja einen Vertrag unterschrieben haben." Wer hat recht?

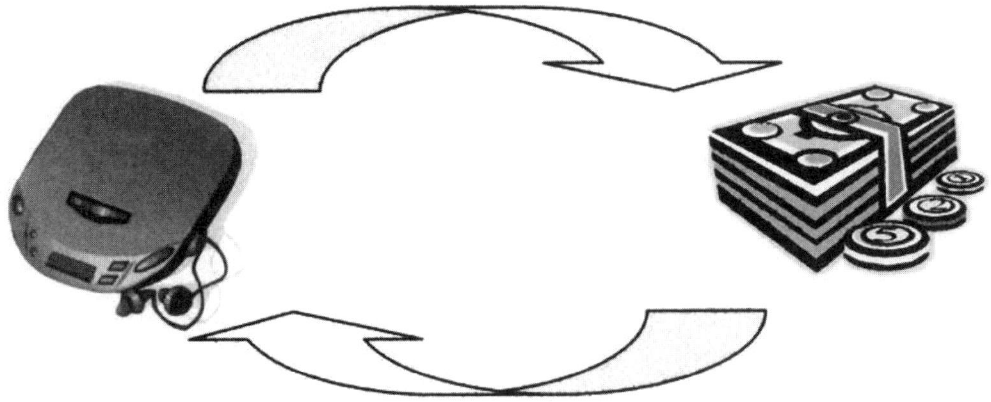

Julia (13) möchte sich einen tragbaren CD-Player kaufen. Sie hat dafür hart gespart und die nötigen 60 € zusammen. Auch ihre Eltern sind einverstanden. Im Elektrofachgeschäft unterbreitet ihr Herr Günstig auch ein tolles Angebot: Ein nagelneuer CD-Player für 59 €. Julia ist überglücklich. Herr Günstig übergibt Julia den CD-Player und Julia legt 59 € auf den Ladentisch. Ist dieser Kauf rechtskräftig?

Lösungen der Fallbeispiele:

zu 1.
Der Kaufvertrag ist rechtskräftig. Ramona bezahlt und erhält die Breze.

zu 2.
Der Verkäufer hat falsch gehandelt. Manuel und der Verkäufer hatten einen mündlichen Kaufvertrag. Der Verkäufer hätte tatsächlich eine Stunde auf Manuel warten müssen. Manuel ist im Recht.

zu 3.
Zwischen dem Möbelhaus und Familie Brunner wurde zwar ein schriftlicher Kaufvertrag geschlossen, aber der Verkäufer ist verpflichtet, dass der Gegenstand in dem Zustand geliefert wird, in dem er zum vereinbarten Zeitpunkt war. Daher müssen die Brunners das Sofa nicht annehmen und auch nicht bezahlen. Herr und Frau Brunner haben recht.

AWT	Name	Klasse	Datum	Nr.

Geld
Das sollest du können / wissen!

1. Nenne die vier Geldquellen von Kindern.

- ______
- ______
- ______
- ______

2. Nenne drei Gründe, weshalb Taschengeld sinnvoll sein kann.

- ______
- ______
- ______

3. Wovon hängt die Höhe des Taschengeldes ab?

______

______

4. Du kennst sechs Regeln für das Taschengeld. Nenne vier davon.

- ______
- ______
- ______
- ______

5. Wie viel Taschengeld ist in deinem Alter sinnvoll?

______

6. Was kann dir helfen, um einen Überblick über dein Taschengeld zu bewahren?

______

______

7. Nenne die sechs Überbegriffe, wofür Kinder und Jugendliche ihr Taschengeld ausgeben. Finde zu jedem Überbegriff ein Beispiel.

- ______: ______
- ______: ______
- ______: ______
- ______: ______
- ______: ______
- ______: ______

AWT	Name	Klasse	Datum	Nr.

8. Warum richtet sich Werbung häufig an Kinder und Jugendliche?

9. Nenne ein Beispiel einer Werbung, die sich an Kinder und Jugendliche wendet. Beschreibe die Werbung genauer.

10. Welche vier Fragen sollte sich Daniela hier stellen?

11. Wie kannst du dir viele Wünsche erfüllen und dabei sogar sparen?

12. Was bedeutet „beschränkt geschäftsfähig“? Erkläre und gib ein Beispiel an.

13. Können Eltern einen Kauf rückgängig machen? Erkläre anhand eines Beispiels.

AWT	Name	Klasse	Datum	Nr.

14. Sind diese Kinder und Jugendlichen geschäftsfähig? Beurteile folgende Fälle:

a) Daniela (11) kauft sich von ihrem Taschengeld im Laden um die Ecke Süßigkeiten. Ihre Eltern wissen, dass sie dort regelmäßig einkauft.

b) Vanessa (13) kauft sich spontan einen neuen Tennisschläger für 85 €. Sie hebt das Geld von ihrem Sparbuch ab. Ihre Eltern sind entsetzt, bringen den Tennisschläger zurück ins Geschäft und wollen das Geld zurück.

c) Bastian (18) spart seit zwei Jahren auf ein Laptop. An seinem 18. Geburtstag kauft er sich eines. Seine Eltern sind dagegen und wollen es ihm verbieten.

15. Erkläre folgende Begriffe des Taschengeldparagraphen:

- Minderjähriger:
- wirksam:
- vertragsmäßige Leistung:
- mit Mitteln bewirkt:
- Vertreter:
- ein Dritter:

16. Beurteile folgende Fälle zum Taschengeldparagraphen:

a) Alexander (17) sehnt sich nach einem neuen Basketball-Outfit. Er schlachtet sein Sparschwein und nimmt die 50 € Geburtstagsgeschenk seiner Oma und zieht los. Im Fachgeschäft findet er das Richtige! Darf er sich das Outfit kaufen?

b) Benjamin (15) verkauft sein Fahrrad an den gleichaltrigen Max für 60 €. Max hat dafür drei Monate gespart. Darf er sich das Fahrrad kaufen?

c) Melissa (16) geht mit ihren Freundinnen shoppen. Dabei entdeckt sie einen neuen Kosmetikartikel und beschließt, die 6,50 € ihres Taschengeldes dafür locker zu machen! Darf sie das?

AWT	Name	Klasse	Datum	Nr.

17. Beurteile folgende Fälle zum Jugendschutzgesetz:

	erlaubt	nicht erlaubt
a) Frau Süß nimmt ihren 17-jährigen Sohn mit in den Nachtclub.	O	O
b) Ricarda (15) kauft sich am Kiosk eine Schachtel Zigaretten.	O	O
c) Peter (16) kauft im Supermarkt für sich und seine Freunde vier Flaschen Bier.	O	O
d) Carina (11) will mit ihrer Freundin um 20 Uhr ins Kino gehen.	O	O
e) Nicolas (15) geht mit seinem Vater in die Disco.	O	O

18. Zwischen welchen Personen kommt ein Kaufvertrag zustande?

____________________ und ____________________

19. Ergänze:

Ein ____________________ kommt zustande, wenn Verkäufer und Käufer eine übereinstimmende ____________________ abgeben.

Diese Willenserklärung kann ______________ oder auch ______________ erfolgen.

20. Nenne Rechte und Pflichten von Käufer und Verkäufer:

Käufer:	Verkäufer:
____________________	____________________
____________________	____________________
____________________	____________________

21. Kaufverbote schützen deine Gesundheit. Nenne zwei Beispiele und beschreibe, wovor du hier geschützt wirst.

a) ____

____

b) ____

____

THEMA **Warum benutzen Menschen einen Kran, um Häuser zu bauen?**

LERNZIELE
- Wissen, wann Menschen Maschinen für die Arbeit gebrauchen
- Erklären können des Einsatzes verschiedener Maschinen
- Erkennen, dass Maschinen dem Menschen das Leben erleichtern können

ARBEITSMITTEL / MEDIEN / LITERATURHINWEISE
- Folie 1 (Baustelle), Folie 2 (Tafelbild), Folie 3 (Landwirt: körperliche Arbeit/Traktor)
- Arbeitsblatt

TAFELBILD / FOLIEN

Warum benutzen Menschen einen Kran, um Häuser zu bauen?

- Ein Kran übernimmt große Lasten.
- Die Transportwege werden kürzer.
- Es sind weniger Arbeiter nötig.
- Es braucht keinen aufwändigen Materialtransport mehr

⇨ Der Kran wird verwendet, weil er die Arbeit erleichtert.

Weitere Maschinen erleichtern die Arbeit:

Bagger:

Ein Bagger kann große Mengen Erde ausheben, für die viele Arbeiter viel Zeit brauchen würden.

Lastwagen:

Mit einem Lastwagen kann z. B. eine große Menge Erde wegtransportiert oder nötiges Baumaterial an die Baustelle herangefahren werden.

STUNDENBILD

I. Hinführung

Stummer Impuls	Folie 1	Baustelle
		SSS: Hier ist eine Baustelle gezeichnet.
		SSS beschreiben die Baustelle genauer (Maschinen)
Impuls		L: Auf jeder Baustelle findet man heutzutage einen Kran.
Zielangabe	TA	Warum benutzen Menschen einen Kran, um Häuser zu bauen?

II. Erarbeitung

		L: Was denkst du?
		SSS äußern sich
		L: Besprich dich mit deinem Partner: Was wäre, wenn es keinen Kran geben würde?
		SSS überlegen
	TA	SSS äußern sich
	Arbeitsblatt	L: Schau dir auf deinem Arbeitsblatt das Bild genau an und überlege dir weitere Maschinen, die eingesetzt werden.
		SSS betrachten und bearbeiten Arbeitsauftrag
	TA	Sammeln der Lösungen

III. Sicherung

	TA / Folie 2	SSS übernehmen TA / Folie 2 als Eintrag

IV. Vertiefung

		L: Nenne weitere Maschinen, die uns die Arbeit erleichtern.
		SSS äußern sich
	Folie 3	L: Betrachte folgende Bilder. Wo liegt hier die Erleichterung?
		SSS äußern sich
		L: Gibt es denn auch Nachteile der Technik?
		SSS äußern sich

AWT	Name	Klasse	Datum	Nr.

____

Der **Kran** wird verwendet, weil ______________________________:

______________________ ______________________

______________________ ______________________

Im der Zeichnung oben werden weitere Maschinen eingesetzt. Nenne vier davon und beschreibe auch kurz ihre Aufgaben.

- ______________________: ______________________

  ____
- ______________________: ______________________

  ____
- ______________________: ______________________

  ____
- ______________________: ______________________

  ____

THEMA Welche Anforderungen stellt der Einsatz von Technik an den Menschen?

LERNZIELE

- Wissen, dass der Einsatz von Technik den Facharbeiter voraussetzt
- Begriffe „lebenslanges Lernen“ und „Automatisierung“ kennen und erklären können
- Vor- und Nachteile der Technik kennen und gegenseitig abschätzen können

ARBEITSMITTEL / MEDIEN / LITERATURHINWEISE

- Folie 1 (Maschine), Folie 2 (Büro), Folie 3 (Tafelbild)
- Arbeitsblatt
- evtl. Wörterbuch

TAFELBILD / FOLIEN

Welche Anforderungen stellt der Einsatz von Technik an den Menschen?

Technik erfordert ein spezielles Wissen.

Technik muss überwacht, bedient und gewartet werden.

Technik erfordert lebenslanges Lernen.

Vorteile der Technik:

- Maschinen können Tag und Nacht arbeiten.
- Maschinen sind zwar teuer in der Anschaffung, brauchen aber keinen Lohn.
- Maschinen entlasten Menschen von anstrengenden Tätigkeiten.

Nachteile der Technik:

- Maschinen ersetzen Menschen, wodurch Arbeitsplätze verloren gehen.
- Maschinen verbrauchen Strom / Energie, was wiederum Geld kostet und die Umwelt belastet.

STUNDENBILD

I. Hinführung

Stummer Impuls	Folie 1	Maschine
		SSS betrachten Maschine und äußern sich dazu
	Folie 2	Büro
		SSS betrachten Maschinen und äußern sich dazu
		L: Trotz all der Technik in Handwerk, Industrie und im Dienstleistungsbereich, so ganz ohne den Menschen geht es nicht - und so ganz ohne Wissen auch nicht.
Zielangabe	TA	Welche Anforderungen stellt der Einsatz von Technik an den Menschen?

II. Erarbeitung

		L: Was denkst du?
		SSS äußern sich
	Arbeitsblatt	
		L: Lies dir dein Arbeitsblatt gut durch und überlege dann mit deinem Partner: 1. Welche Anforderungen stellt der Einsatz von Technik an den Menschen / Arbeiter? 2. Welche Vorteile gibt es durch den Technikeinsatz für uns Menschen? 3. Welche Nachteile bringt die Technik mit sich?
		SSS lesen und bearbeiten Arbeitsaufträge
	TA / Folie 3	Sammeln der Lösungen
		Begriffsklärung „Lebenslanges Lernen" (long life learning)

III. Sicherung

	TA / Folie 3	SSS übernehmen TA / Folie 3 als Eintrag

IV. Vertiefung

LSG		L: Welche besonderen Kenntnisse muss ein Facharbeiter wohl haben?
		SSS äußern sich
		Begriffsklärung „Automatisierung"
	TA	L: Es gibt einen Fachausdruck: „Automatisierung"
	evtl. Wörterbuch	
		SSS äußern sich
	TA	Maschinen = Automaten

AWT	Name	Klasse	Datum	Nr.

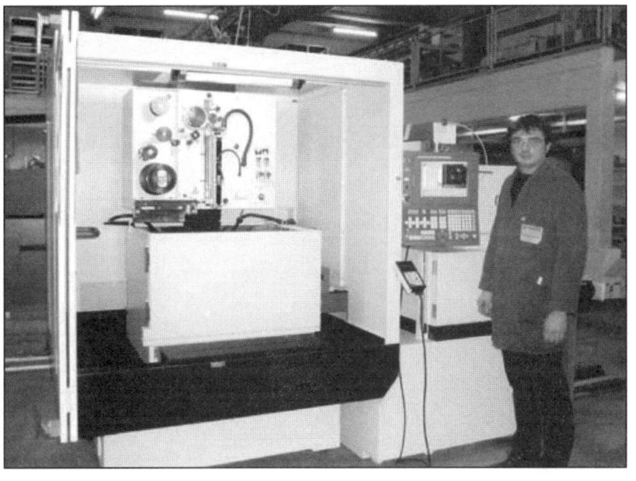

Früher waren viele Arbeiter in den Industrien und Fabriken ungelernte Arbeitskräfte. Das ist in vielen modernen Betrieben nur noch selten der Fall. Hier sieht das Bild etwas anders aus: Die Arbeiter müssen hochtechnische Geräte und Anlagen überprüfen, bedienen und warten. Dafür brauchen sie eine spezielle Ausbildung. Man spricht dann von Spezialfacharbeitern. Sie müssen zum Beispiel Computerprogramme für Maschinen lesen oder manchmal sogar selber schreiben können. Dazu ist ein spezielles Fachwissen und eine qualifizierte Ausbildung nötig. Oft bedient ein einziger Spezialist ein ganzes Bearbeitungszentrum, z. B. für Dreh-, Bohr- und Fräsarbeiten. Ein großer Teil der Fertigungsarbeiten läuft automatisch ab. Die Arbeiter sind also „nur“ noch Kontrolleure und Überwacher der Anlagen.

⇩

Wir sprechen heute vom Zeitalter der Informations- und Kommunikationstechnik. Es ist selbstverständlich, dass fast jeder an seinem Arbeitsplatz mit einem Computer arbeiten können muss. PC's werden z. B. bei der Planung und Herstellung eingesetzt. Daher brauchen Menschen an diesen Arbeitsplätzen Grundkenntnisse im Umgang mit den üblichen Anwendungen am PC. Textverarbeitung, Tabellenkalkulation und Datenprogramme gehören zum täglichen „Geschäft“. Auch der Umgang mit Spezialsoftware für die jeweilige Branche muss gelernt werden. Da diese Programme immer weiterentwickelt werden, muss sich jeder, der den beruflichen Anschluss nicht verlieren möchte, ständig weiterbilden.

⇩

THEMA Welchen Zweck erfüllen technische Geräte bei der Herstellung von Gütern?

LERNZIELE

- Wissen, dass der Einsatz von Technik vielfältige Vorteile in der Industrie bringt
- Bespiele für körperliche (physische) und psychische Entlastung nennen können
- Vor- und Nachteile der Technik in der Industrie kennen

ARBEITSMITTEL / MEDIEN / LITERATURHINWEISE

- Folie 1 / Bild Tafel (Maschine), Folie 2 (Tafelbild)
- Arbeitsblatt

TAFELBILD / FOLIEN

Welchen Zweck erfüllen technische Geräte in der Industrie?

- verursachen weniger Kosten (kein Lohn ...)
- werden nicht krank und brauchen keinen Urlaub
- arbeiten oft rund um die Uhr
- gleichbleibende Qualität
- keine Gefährdung von Arbeitern durch giftige Stoffe
- Abschirmung vor Lärm, der extrem ist
- mehr Produktion in kürzerer Zeit
- geringerer körperlicher Kraftaufwand

Negative Folgen der modernen Industrie:

- Umweltzerstörung durch Abgase und Abwässer
- Entmenschlichung

STUNDENBILD

I. Hinführung

Stummer Impuls	Folie 1 / Bild TA	Maschine SSS: betrachten Maschine und äußern sich dazu L: Wir brauchen Maschinen / Technik Ohne sie gäbe es kein/e ...
Zielangabe	TA	Welchen Zweck erfüllen technische Geräte in der Industrie?

II. Erarbeitung

		L: Was denkst du? SSS äußern sich
	Arbeitsblatt	L: Lies dir dein Arbeitsblatt gut durch und überlege dann mit deinem Partner die Arbeitsaufträge. SSS lesen und bearbeiten Arbeitsaufträge
	TA / Folie 2	Sammeln der Lösungen

III. Sicherung

		SSS übernehmen TA / Folie 2 als Eintrag

IV. Vertiefung

		L: Besprechung der Zusatzaufgabe SSS äußern sich
	TA / Folie 2	
		L: Wie nutzt ihr in WTG technische Geräte, damit eure Werkstücke eine möglichst gleichmäßige und hohe Qualität haben? SSS nennen Beispiele L: Die Technik hilft körperliche und psychische Belastungen zu verringern. Welche der von euch heute gefundenen Vorteile durch Maschinen kann man in die jeweilige Sparte einreihen? SSS ordnen ein

AWT	Name	Klasse	Datum	Nr.

___

Moderne Technik kostet zwar Geld, aber durch sie werden auch wieder Kosten gespart.

Die Anschaffung einer technischen Anlage kostet einem Betrieb eine große Summe, aber diese Maschine verursacht nicht die Kosten wie sie für einen Arbeiter entstünden, denn für einen Arbeiter müssen monatlich Lohn und Lohnnebenkosten bezahlt werden. Außerdem wird eine Maschine nicht krank und braucht keinen Urlaub. Auch muss die technische Anlage nicht nach acht Stunden nach Hause, sondern kann weiter arbeiten. In vielen Fällen arbeiten technische Anlagen rund um die Uhr, auch Samstag und Sonntag. Der Personaleinsatz hält sich dabei in Grenzen. Es gibt bereits Betriebshallen, in denen die Nachtschicht ohne Menschen arbeitet. Man spricht hierbei dann von der sogenannten „Geisterschicht".
Natürlich gibt es aber noch weitere Vorteile beim Ersatz von Menschen durch Maschinen. Die Maschinen arbeiten mit gleichbleibender Qualität, wie das z. B. bei der Herstellung von Kolben der Fall sein muss, denn bei Motorbauteilen kommt es auf eine Genauigkeit von tausendstel Millimeter an. Bleibt die Qualität gleich, so bleibt auch der Kunde. Durch Technikeinsatz kann ferner vermieden werden, dass Menschen mit Stoffen direkt in Verbindung kommen, die ihre Gesundheit gefährden könnten. Auch extremer Lärm, unangenehme Gerüche und starke Hitze oder Kälte müssen nicht mehr sein, da Arbeiter abgeschirmt werden können. Schließlich kann durch den Einsatz von technischen Einrichtungen schneller (in kürzerer Zeit mehr Stücke) produziert werden und auch der körperliche Kraftaufwand ist bedeutend geringer.

Arbeitsaufträge für die Partnerarbeit:

Im Text findest du viele Vorteile für den Einsatz technischer Geräte. Unterstreiche sie grün und schreibe sie dann stichpunktartig heraus.

- ______
- ______
- ______
- ______
- ______
- ______
- ______
- ______

Zusatzaufgabe:

Gibt es auch Nachteile beim Einsatz technischer Einrichtungen? Besprich dich mit deinem Partner. Notiert eure Ergebnisse.

______

______

DROOP+REIN

THEMA

Ohne Technik keine Energie – ohne Energie keine Technik

LERNZIELE

- Wissen, welche technischen Einrichtungen es gibt, die Strom erzeugen
- Wissen,dass es ohne Technik keine Energie und ohne Energie keine Technik gibt
- Begriffe regenerativer Energiequellen kennen
- Vorteile regenerativer Energiequellen kennen

ARBEITSMITTEL / MEDIEN / LITERATURHINWEISE

- Folie 1 (fünf Energiequellen), Folie 2 (Tafelbild), Folie 3 / Bild Tafel (Wasserrad), Folie 4 (Sonnen- und Windenergie)
- Arbeitsblatt

TAFELBILD / FOLIEN

Ohne Technik keine Energie – ohne Energie keine Technik

- Im Verbrennungskraftwerk wird Strom durch Wasserdampf erzeugt.
- Im Wasserkraftwerk wird die Fallgeschwindigkeit des Wassers zur Stromerzeugung genutzt.
- Das Gezeitenkraftwerk nutzt Flut und Ebbe, um einen „Wasserfall" zu erzeugen.
- Der Windpark nutzt den Wind zur Stromerzeugung.
- In Solarpaneels wird Sonnenlicht in Strom umgewandelt.

Merke:

Durch Technik kann man Energie gewinnen. Durch die gewonnene Energie wiederum können technische Geräte funktionieren und weiterentwickelt werden.

STUNDENBILD

I. Hinführung

Stummer Impuls	Folie 1 (Bilder AB)	Fünf Energiequellen SSS betrachten Bilder, äußern sich
Impuls		L: Alle Bilder haben etwas gemeinsam. SSS: Die dargestellten „Anlagen“ erzeugen Energie. L: Erzeugen Energie? SSS: ... und brauchen Energie.
Zielangabe	TA	Ohne Technik keine Energie – ohne Energie keine Technik

II. Erarbeitung

	Arbeitsblatt	
		L: Schau dir die Bilder auf deinem Arbeitsblatt gut an. Die Texte dazu sind durcheinander geraten. Ordne zu und finde den Namen der technischen Anlage. 1. Möglichkeit: SSS schneiden Bilder und Texte aus, ordnen zu und kleben beides geordnet ins Heft / aufs Blatt 2. Möglichkeit: SSS verbinden Texte mit Pfeilen und übertragen Eintrag ins Heft / aufs Blatt
	TA / Folie 2	
		SSS lesen und bearbeiten Arbeitsträge
	TA / Folie 2	Sammeln der Lösungen

III. Sicherung

	TA / Folie 2	SSS übernehmen TA / Folie 2 als Eintrag

IV. Vertiefung

		L: Beantworte Stundenfrage – Gibt das Sinn?
LSG	Folie 3	Mühlrad L: Wie wird hier Energie erzeugt und wozu wird diese Energie gebraucht? SSS äußern sich
	Folie 4	Wind- und Solarenergie L: Vorteile der Windkraft /Solarkraft Begriffsklärung regenerative Energiequellen L: Ich würde mir auch gerne ein Windrad in den Garten stellen. Doch das ist leider zu groß. SSS schätzen Größe L: Möglichkeiten für den Privatmann? SSS: Solaranlage auf's Dach

AWT	Name	Klasse	Datum	Nr.

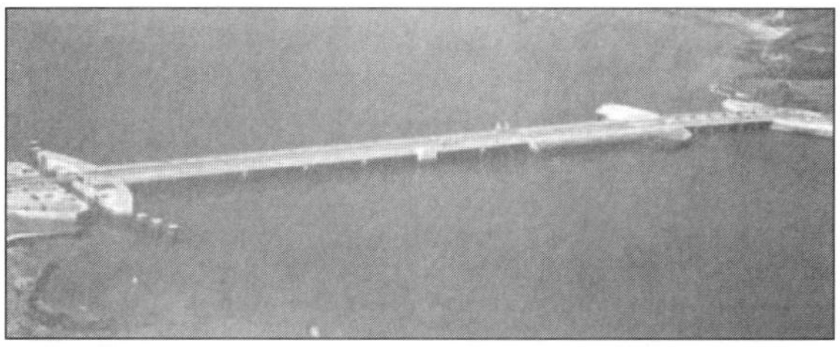

Solarzellen sind so aufgebaut, dass durch die Einwirkung von Licht sofort Strom erzeugt wird. Da Sonnenenergie nie versiegt, können wir Menschen sie dauerhaft nutzen, während unsere Erdöl- und Kohlevorkommen zur Neige gehen.

Bei der Verbrennung von z. B. Öl wird Wasser erhitzt, sodass Wasserdampf entsteht. Dieser treibt dann eine Turbine an, über die in einem Generator Strom erzeugt wird. Die Wärme, die dabei entsteht, wird außerdem zum Heizen von Häusern verwendet.

Durch die Geschwindigkeit, die das Wasser beim Fallen erreicht, wird eine Turbine angetrieben. Auch hier wird über einen Generator Strom erzeugt.

Bei Flut ist der Wasserstand höher als bei Ebbe. Dieses „angehobene" Wasser wird im Gezeitenkraftwerk „hochgelagert". Ist Ebbe, so lässt man es auf eine Turbine „herunterfallen", die einen Generator antreibt, der Strom erzeugt.

Der Wind bewegt die Windräder. Die Windräder wiederum treiben Generatoren an, die Strom erzeugen.

THEMA Wie und warum haben sich technische Geräte verändert?

LERNZIELE

- Wissen, wie sich die Waschmaschine im Laufe der Zeit verändert hat
- Grund der Veränderung der Waschmaschine einschätzen können
- Erkennen der Bedeutung der Entwicklung technischer Geräte

ARBEITSMITTEL / MEDIEN / LITERATURHINWEISE

- Folie 1 (Frauen beim Wäsche waschen), Folie 2 / Bild Tafel (moderne Waschmaschine), Folie 3 (Tafelbild), Folie 4 (Entwicklung der Eisenbahnzüge)
- Arbeitsblatt

TAFELBILD / FOLIEN

Wie und warum haben sich technische Geräte verändert?

Früher war das Waschen eine anstrengende und langwierige Arbeit.
Montag war immer Waschtag.

Die erste „Waschmaschine“ funktionierte, indem man an einem Rad drehte und so die Wäsche durcheinander geschleudert wurde.

Später übernahm die Maschine nicht nur das Waschen, sondern auch das Schleudern.
➪ kein mühsames Auswringen mehr

Heute gibt es Waschmaschinen mit vielen Programmen.

➡ Die Waschmaschine erleichtert uns die tägliche Arbeit. Technische Geräte verändern sich, um uns immer mehr zu entlasten.

STUNDENBILD

I. Hinführung

Stummer Impuls	Folie 1	Frauen beim Wäsche waschen SSS: Hier sieht man Frauen beim Wäsche waschen. L: Was glaubst du, wann dieses Bild aufgenommen wurde? SSS vermuten
Provokation		L: Seit dieser Zeit hat sich nichts geändert.
Zielangabe	TA	Wie und warum haben sich technische Geräte verändert?

II. Erarbeitung

Stummer Impuls	Folie 2 / Bild Tafel	Moderne Waschmaschine L: Gibt es Entwicklungsschritte zwischen den beiden Bildern? SSS äußern sich
	Arbeitsblatt	L: Ich habe ein Arbeitsblatt für dich, auf dem du verschiedene Stationen der Entwicklung der Waschmaschine siehst. SSS lesen und bearbeiten Arbeitsauftrag
	TA / Folie 3	Sammeln der Lösungen

III. Sicherung

	TA / Folie 3	SSS übernehmen TA / Folie 3 als Eintrag

IV. Vertiefung

LSG		L: Welche Vorteile hat eine Waschmaschine im Vergleich zum Wäsche waschen von früher? SSS: Zeitersparnis, mehr Sauberkeit, weniger Kraftaufwand
Impuls		L: Sicherlich kennst du noch weitere Maschinen, die sich schrittweise entwickelt haben. SSS äußern sich, z. B. Flugzeug, Ofen u. a.
	Folie 4	Dampflok - ICE L: Warum werden denn technische Geräte immer weiterentwickelt? SSS: Ansprüche werden immer größer ⇨ noch schneller Umweltschutz ⇨ z.B. geringerer Wasserverbrauch (Waschmaschine)

AWT	Name	Klasse	Datum	Nr.

Betrachte die Bilder und beschreibe in Schritten die Entwicklung der Waschmaschine. Formuliere in ganzen Sätzen.

Stichpunkte für die Ausarbeitung:
kein mühsames Auswringen mehr - Waschen anstrengend - Waschmaschine mit vielen Programmen - durch Drehen des Rades wird Wäsche durcheinandergewirbelt - Waschen und Schleudern möglich - Montag immer Waschtag

AEG
ÖKO_LAVAMAT 60300

AWT	Name	Klasse	Datum	Nr.

Vorschlag zur Vorbereitung einer Erkundung eines Technik-Museums

So gelingt eure Erkundung eines Technik-Museums

Vorbereitung der Erkundung:

- **Erkundigt euch, welche Museen es gibt.**
  - Fragt Lehrer, Bekannte.
  - Sucht im Internet.
- **Entscheidet euch gemeinsam für ein Museum und organisiert den Besuch.**
  - Fordert Informationsmaterial an.
  - Stellt den Preis fest.
  - Sprecht einen Termin ab.
  - Organisiert Fahrgelegenheit/en.
- **Wählt einen Erkundungsschwerpunkt aus.**
  - Informiert euch.
  - Bucht gegebenenfalls eine Führung durch das Museum.
- **Erarbeitet einen Erkundungsbogen.**
  - Sammelt Fragen.
- **Teilt die Arbeit untereinander auf.**
  - Teilt die Fragen/Bereiche auf Gruppen auf.

Durchführung der Erkundung:

- **Seid pünktlich und vollzählig.**
  - Begrüßt die Person, die euch durch das Museum führt.
- **Informiert euch gründlich und fragt beim Museumsführer nach.**
  - Hört gut zu.
  - Verhaltet euch ruhig – es sind auch andere Besucher anwesend.
  - Berührt keine Ausstellungsstücke.
  - Notiert eure Antworten.
  - Bedankt euch.

Auswertung der Erkundung:

- **Bearbeitet den Erkundungsbogen.**
  - Vergleicht, ergänzt euren Bogen.
  - Gestaltet Plakate oder Folien zur Darstellung eurer Ergebnisse.
- **Präsentiert die Ergebnisse**
  - Gestaltet eine Stellwand.
  - Schreibt einen Artikel für die Schülerzeitung.
- **Wertet die Durchführung der Erkundung aus.**
  - Was hat gut geklappt?
  - Was können wir das nächste Mal verbessern?

AWT	Name	Klasse	Datum	Nr.

Vorschläge für eine Sequenzplanung, welche die Bedeutung der Technik im Herstellungs- und Arbeitsprozess verdeutlicht.
Die Zusammenarbeit mit den praktischen Fächern WTG oder HsB ist erwünscht.

Sequenzplanungen zur Herstellung eines Krans, Katapults oder Erdbeerjoghurts

I. Der Kran:

Praktische Fächer (z. B. WTG)

1. Unterrichtsgang zu einer Baustelle
2. Arbeitsplanung
   Material, Werkzeugauswahl, Grundwissen Mechanik
3. Holzteile anreißen, ablängen
   Sägen, Sägeblätter, Technik des Sägens ...
4. / 5. Bohren der Löcher
   Umgang mit der Bohrmaschine, Unfallverhütung
6. Glätten der Holzteile
   Auswahl des Schleifpapiers...
7. Zusammenbau des Werkstücks
   Umlenkrolle und Gewichte anbringen
8. Erpoben des Werkstücks evtl. im Spiel
   Werkbetrachtung

AWT

1. Warum benutzen Menschen einen Kran, um Häuser zu bauen?
2. Welche Anforderungen stellt der Einsatz von Technik an den Menschen?
3. Welchen Zweck erfüllen technische Geräte in der Industrie?
4. Ohne Technik keine Energie – ohne Energie keine Technik
5. Wie und warum haben sich technische Geräte verändert?
6. Erkundung eines Technik- oder Heimatmuseums
7. Auswertung der Erkundung

AWT	Name	Klasse	Datum	Nr.

II. Das Katapult:

Praktische Fächer (z. B. WTG)

1. Wir planen ein Katapult
   - Aufgabe eines Katapults
   - Zusammenstellen der Materialliste
   - Planung der Arbeitsschritte
   - Beginn der Holzbearbeitung
2. Wir stellen die Einzelteile des Katapults her
   - Herstellung der einzelnen Bauteile
   - Zusägen der Bauteile, Bohren der Löcher
   - Feilen, Schleifen
3. Wir bauen das Katapult zusammen
   - Verbinden der Einzelteile
   - Dübeln, leimen
4. Werkbetrachtung

AWT

1. Warum benutzten Menschen ein Katapult?
2. Welche Anforderungen stellt der Einsatz von Technik an den Menschen?
3. Welchen Zweck erfüllen technische Geräte in der Industrie?
4. Ohne Technik keine Energie – ohne Energie keine Technik
5. Wie und warum haben sich technische Geräte verändert?
6. Erkundung eines Technik- oder Heimatmuseums
7. Auswertung der Erkundung

AWT	Name	Klasse	Datum	Nr.

III. Der Erdbeerjoghurt:

Praktische Fächer (z. B. HsB)

1. Wir planen einen Erdbeerjoghurt herzustellen
   - Arten der Joghurtherstellung
   - Bestandteile von Joghurt
   - Rezepte sichten
   - Rezeptauswahl
   - Zusammenstellen der Einkaufsliste
   - Planung der Arbeitsschritte
2. Wir stellen den Joghurt her
   - Einrühren von Bakterien in Milch
   - Einfüllen in Joghurtgläser + Einstellen in das Gerät
   - Vergleich gekaufter Joghurt – frischer eigener Joghurt
3. Herstellen von Erdbeerjoghurt
   - Herstellen von Erdbeerjoghurt nach Rezept
   - Möglichkeiten der Präsentation der Joghurts
   - evtl. Verkauf

AWT

1. Warum benutzen Menschen technische Geräte?
2. Welche Anforderungen stellt der Einsatz von Technik an den Menschen?
3. Welchen Zweck erfüllen technische Geräte in der Industrie?
4. Ohne Technik keine Energie – ohne Energie keine Technik
5. Wie und warum haben sich technische Geräte verändert?
6. Erkundung eines Technik- oder Heimatmuseums
7. Auswertung der Erkundung

AWT	Name	Klasse	Datum	Nr.

Eine Möglichkeit, dieses Kapitel zu wiederholen, ist, die Schüler Kurzreferate halten zu lassen. Eine andere Möglichkeit ist das Abfragen der Arbeitsblätter.

Thema: Maschinen haben die Welt verändert

Arbeitsaufträge für den Schüler:

1. Suche dir eine Maschine aus, die die Welt verändert hat (z. B. Dampfmaschine, Elektromotor, usw.)
2. Informiere dich im Internet oder in der Bücherei.
3. Folgende Fragen solltest du während deines Referats beantworten:
   - Wer hat die Maschine erfunden?
   - Wann wurde sie erfunden?
   - In welchen Schritten hat sich deine Maschine im Laufe der Zeit entwickelt?
   - Was hat der Mensch von dieser Erfindung?
   - Wofür verwendet er sie?
   - Welche Vorteile entstehen für den Menschen?
   - Hat deine Maschine auch Nachteile für den Menschen?
   - Warum hast du dich für diese Maschine entschieden? Was fasziniert dich daran?

AWT	Name	Klasse	Datum	Nr.

Technik
Das sollst du können / wissen!

1. Nenne zwei Maschinen, die die Arbeiten am Bau erleichtern und beschreibe sie kurz.

a) ____________________:

b) ____________________:

2. Welche Anforderungen stellt der Einsatz von Technik an den Menschen?

-
-
-

3. Nenne je zwei Vorteile und zwei Nachteile der Technik.

Vorteile:

-
-

Nachteile:

-
-

4. Technische Geräte erfüllen ihren Zweck in der Industrie. Nenne vier davon.

-
-
-
-

5. Welche negativen Folgen der modernen Industrie kennst du?

-
-

6. Nenne drei psychische Belastungen, die durch den Einsatz von technischen Geräten in der Industrie verringert werden.

-

AWT	Name	Klasse	Datum	Nr.

- ____________________
- ____________________

7. Nenne vier technische Anlagen, durch die man Energie gewinnen kann.
   - ____________________
   - ____________________
   - ____________________
   - ____________________

8. Was versteht man unter regenerativen Energiequellen? Nenne auch Beispiele.

9. Erkläre anhand eines Beispieles, wie sich technische Geräte schrittweise entwickelt und verändert haben. Stichpunkte reichen.

10. Warum entwickeln sich technische Geräte immer weiter?

11. Stell dir vor, du könntest einen Roboter für einfache Arbeiten programmieren.
    a) Welche alltäglichen Arbeiten müsste dein Roboter erledigen können?

    b) Welche Aufgaben hättest du mit dem Roboter?

THEMA

Warum haben Tina und Paul ihren Traumberuf nicht erreicht?

LERNZIELE

- Wissen, weshalb nur 14 % aller Jugendlichen ihren Berufswunsch verwirklichen können
- Fähigkeit, die eigene Situation einschätzen zu können
- Erkennen der Notwendigkeit einer guten schulischen Ausbildung

ARBEITSMITTEL / MEDIEN / LITERATURHINWEISE

- Folie 1 (Paul und Tina), Folie 2 (Tafelbild)
- Arbeitsblatt

TAFELBILD / FOLIEN

Warum haben Tina und Paul ihren Traumberuf nicht erreicht?

- Es waren nicht genug Arbeitsplätze vorhanden.
- Die schulischen Leistungen passten nicht.
- Gesundheitliche Einschränkungen

- Es fehlte der nötige Schulabschluss.
- Die Ausbildung hätte zu lange gedauert (Abitur, Studium).
- Persönliche Gründe (Kosten)

⇨ **Nur 14 % aller Jugendlichen können ihren Traumberuf verwirklichen. Überlege dir erreichbare Alternativen zu deinem Traumberuf.**

STUNDENBILD

I. Hinführung

Stummer Impuls	Folie 1	Paul und Tina SSS: Paul und Tina hatten einen Traumberuf. SSS: Sie haben ihren Traum nicht verwirklichen können.
Zielangabe	TA	Warum haben Tina und Paul ihren Traumberuf nicht erreicht?

II. Erarbeitung

		L: Überlege dir mit deinem Partner, welche Gründe es wohl dafür gegeben hat. SSS vermuten
	Arbeitsblatt	
Impuls		L: Paul und Tina erzählen uns, weshalb es nicht geklappt hat. SSS lesen und bearbeiten Arbeitsaufträge Arbeitsaufträge 1/2:
	TA / Folie 2	Sammeln der Lösung

III. Sicherung

	TA / Folie 2	SSS übernehmen TA / Folie 2 als Eintrag Arbeitsauftrag 3: L: Was weißt du über deinen Traumberuf?
	TA / Folie 2	Sammeln der Lösung

IV. Vertiefung

Impuls		L: Nur 14 % aller Jugendlichen können ihren Traumberuf verwirklichen. Daher ist es notwendig, genau das zu tun, was Paul getan hat.
LSG		SSS: Alternativen suchen L: Bei Paul stellt sich außerdem heraus, dass er gesundheitliche Probleme gehabt hätte und so nicht geeignet gewesen wäre. SSS: Man muss unbedingt vorher herausfinden, ob man geeignet ist.
LSG		Welche Möglichkeiten hibt es, das herauszufinden?

AWT	Name	Klasse	Datum	Nr.

Paul erzählt:

Es gibt leider viele Gründe, weshalb es bei mir nicht mit dem Traumberuf „Koch“ geklappt hat. Zum einen gab es sehr wenige Ausbildungsstellen, zum anderen sehr viele Bewerber. Wenn dann noch dazu die Leistungen in der Schule nicht so berauschend sind, dann hat man eigentlich schon verspielt. Und so war das leider bei mir.

Mit lauter Dreien und Vieren hatte ich keine Chance. Da hatte es auch nichts mehr zu sagen, dass ich eine Allergie gegen Mehlstaub habe und daher aus gesundheitlichen Gründen im Grunde überhaupt nicht für den Beruf geeignet gewesen wäre. Gott sei Dank habe ich mich schon rechtzeitig über andere Berufe erkundigt und gemerkt, dass mir auch der Beruf „Maler“ zusagt. Und das bin ich dann auch geworden.

Tina berichtet:

Mein Traum war es, als Ärztin kranken Menschen zu helfen – am liebsten Kindern. Zum mittleren Schulabschluss hat es bei mir damals auch gereicht, aber den Übertritt ins Gymnasium oder an eine andere weiterführende Schule habe ich dann nicht geschafft und so fehlte mir der nötige Schulabschluss. Wenn ich jetzt so darüber nachdenke, stelle ich außerdem fest, dass die Ausbildung bzw. das Studium sowieso zu lange gedauert hätte. Ich wollte nämlich schon immer mit Mitte 20 eine eigene Familie haben und das wäre dann nur sehr schwer möglich gewesen. Sicherlich wäre es mir wohl auch sehr schwer gefallen, zum Studium in eine andere Stadt zu ziehen, da ich vor Heimweh nach meinen Eltern und meinen Geschwistern sicherlich zersprungen wäre. Außerdem hätte ein Studium sehr viel Geld verschlungen, das damals weder meine Eltern noch ich zu Verfügung hatten.

Heute bin ich Krankenschwester in der Säuglingsstation, habe eine eigene Familie und bin überglücklich – auch ohne meinen Traumberuf.

Arbeitsaufträge für die Partnerarbeit:

1. Welche Gründe nennt Paul dafür, dass er nicht Koch werden konnte?

____

____

2. Welche Gründe nennt Tina?

____

____

3. Hast du einen Traumberuf? Was weißt du darüber?

____

____

Ich wäre so gerne Ärztin gewor-den.
Und mein Traumberuf war Koch.

THEMA

Selbsteinschätzung – Fremdeinschätzung

LERNZIELE

- Wissen, in welchen Bereichen man sich selbst einschätzen kann
- Fähigkeit, die Selbsteinschätzung mit der Fremdeinschätzung vergleichen zu können
- Erkennen, dass man von anderen oft anders eingeschätzt wird und dies in die künftige Lebensplanung mit einbeziehen können

ARBEITSMITTEL / MEDIEN / LITERATURHINWEISE

- Bild für die Tafel
- Arbeitsblätter (4)

TAFELBILD / FOLIEN

In der 6. Jahrgangsstufe erfolgt eine erste Hinführung zur „Berufsorientierung". Eine kritische Einschätzung persönlicher Stärken und Schwächen bereiten hier den Boden für alle weiteren Schritte im Berufswahlprozess: Einholen und Auswerten berufskundlicher Informationen im BIZ, Gespräche mit dem Berufsberater, Betriebserkundungen, Betriebspraktika, Bewerbungsschreiben, Rollenspiele des Vorstellungsgesprächs, etc.
Die Vielzahl und Vielfalt der einzelnen Kriterien soll sicherstellen, dass das Gesamtergebnis des Fragebogens auch aussagekräftig bzw. persönlichkeitsbezogen bleibt und nicht allgemein auf den Durchschnittsschüler übertragbar ist. Im Endeffekt soll dieser Bogen auch helfen, seine persönlichen Charaktereigenschaften genauer unter die Lupe zu nehmen und im Bedarfsfall zu überdenken.
Ein abschließendes Gespräch über Sinn und Nutzen dieser Einschätzungsbögen rundet die Unterrichtseinheit ab.

Beim Einsatz im Unterricht sollten folgende Punkte gewährleistet sein:

- Jeder einzelne Schüler beschäftigt sich zunächst nur mit seinem eigenen Fragebogen in vollständiger Ruhe und Konzentration (eventuell Trennwände aufstellen).

- Danach sucht sich jeder Schüler einen verlässlichen und vertrauten Partner. Dabei erstellt jeweils der eine Partner für den anderen die Einschätzung von dessen Interessen, Erwartungen und Fähigkeiten. Voraussetzung: Blick nur auf das eigene Blatt (Trennwände, weit entfernter Sitzplatz).

- Zum Schluss werden die Partnereinschätzungsbögen ausgetauscht und mit dem vorher erstellten Selbsteinschätzungsbogen verglichen. Die Abweichungen können dabei im eigenen Bogen farbig markiert werden.

AWT	Name	Klasse	Datum	Nr.

Selbsteinschätzungsbogen (1)

Interesse / Neigungen	**Stärke**		
Mein Interesse am ...	***ist groß***	***ist gering***	***ist nicht vorhanden***
Umgang mit Menschen			
Umgang mit Pflanzen			
Umgang mit Tieren			
Umgang mit Technik / Werkzeugen / Maschinen			
Umgang mit Computern			
Umgang mit natürlichen Materialien wie z. B. Holz / Stein / Beton / Kalk / Sand			
Umgang mit Metall			
Umgang mit Lebensmitteln			
Rechnen			
Lesen			
Schreiben			
Teamarbeit			
Erwartungen	**Die Erwartungen sind ...**		
Meine Erwartungen im Beruf ...	**sind hoch**	**sind gering**	**sind nicht vorhanden**
...viel Geld zu verdienen			
...Sicherheit zu haben			
...eine geregelte Arbeitszeit zu haben			
...immer Neues zu erleben			
...immer Neues zu lernen			
...von anderen anerkannt zu werden			
...nette Kollegen / Kolleginnen zu haben			
...neue Freunde kennen zu lernen			
...meine Fähigkeiten einzusetzen			
...eigenverantwortlich arbeiten zu dürfen			

AWT	Name	Klasse	Datum	Nr.

Selbsteinschätzungsbogen (2)

Fähigkeiten	**Die Fähigkeiten sind ...**		
Ich bin / Ich habe / Ich kann ...	***gut***	***geht so***	***nicht gut***
... körperlich leistungsfähig / sportlich / stresserprobt			
... geistig belastbar			
... verträglich und sozial im Umgang mit anderen			
... gewissenhaft / zuverlässig / pünktlich			
... ideenreich / kreativ			
... ausdauernd / unermüdliche Einsatzbereitschaft			
... fleißig / aktive Arbeitshaltung			
... kontaktfähig / aufgeschlossen			
... höfliche und gepflegte Umgangsformen			
... einen guten sprachlichen Ausdruck			
... eine saubere / genaue Arbeitsweise			
... vertrauenswürdig / ehrlich			
... räumliches Vorstellungsvermögen			
... logisches / mathematisches Denken			
... organisatorische und planerische Fähigkeiten			
... Hand- und Fingergeschick / praktische Veranlagung			
... teamfähig / bereit mich ein- und unterzuordnen			
... gestalterische / künstlerische Fähigkeiten			
... fähig, mich auf neue Situationen sofort einzustellen			
... ein gutes Gedächtnis und bin kaum vergesslich			
... auch über längere Zeit Lernstoff behalten			
... mich auch über längere Zeit konzentrieren			

AWT	Name	Klasse	Datum	Nr.

Partnerbeurteilungsbogen (1)

Interesse / Neigungen	**Stärke**		
Mein Interesse am ...	***ist groß***	***ist gering***	***ist nicht vorhanden***
Umgang mit Menschen			
Umgang mit Pflanzen			
Umgang mit Tieren			
Umgang mit Technik / Werkzeugen / Maschinen			
Umgang mit Computern			
Umgang mit natürlichen Materialien wie z. B. Holz / Stein / Beton / Kalk / Sand			
Umgang mit Metall			
Umgang mit Lebensmitteln			
Rechnen			
Lesen			
Schreiben			
Teamarbeit			
Erwartungen	**Die Erwartungen sind ...**		
Meine Erwartungen im Beruf ...	**sind hoch**	**sind gering**	**sind nicht vorhanden**
...viel Geld zu verdienen			
...Sicherheit zu haben			
...eine geregelte Arbeitszeit zu haben			
...immer Neues zu erleben			
...immer Neues zu lernen			
...von anderen anerkannt zu werden			
...nette Kollegen / Kolleginnen zu haben			
...neue Freunde kennen zu lernen			
...meine Fähigkeiten einzusetzen			
...eigenverantwortlich arbeiten zu dürfen			

AWT	Name	Klasse	Datum	Nr.

Partnerbeurteilungsbogen (2)

Fähigkeiten	**Die Fähigkeiten sind ...**		
Sie / Er ist - Sie / Er hat - Sie / Er kann ...	***gut***	***geht so***	***nicht gut***
... körperlich leistungsfähig / sportlich / stresserprobt			
... geistig belastbar			
... verträglich und sozial im Umgang mit anderen			
... gewissenhaft / zuverlässig / pünktlich			
... ideenreich / kreativ			
... ausdauernd / unermüdliche Einsatzbereitschaft			
... fleißig / aktive Arbeitshaltung			
... kontaktfähig / aufgeschlossen			
... höfliche und gepflegte Umgangsformen			
... einen guten sprachlichen Ausdruck			
... eine saubere / genaue Arbeitsweise			
... vertrauenswürdig / ehrlich			
... räumliches Vorstellungsvermögen			
... logisches / mathematisches Denken			
... organisatorische und planerische Fähigkeiten			
... Hand- und Fingergeschick / praktische Veranlagung			
... teamfähig / bereit sich ein- und unterzuordnen			
... gestalterische / künstlerische Fähigkeiten			
... fähig, sich auf neue Situationen sofort einzustellen			
... ein gutes Gedächtnis und ist kaum vergesslich			
... auch über längere Zeit Lernstoff behalten			
... sich auch über längere Zeit konzentrieren			

Selbsteinschätzung

Ob Banker, Fachkraft im Gastgewerbe, Anlagenmechaniker oder Speditionskauffrau: Jeder Ausbildungsberuf bietet Aufstiegsmöglichkeiten.

Fremdeinschätzung

THEMA

Wie geht es ab der 7. Klasse weiter?

LERNZIELE

- Wissen, welche schulischen Möglichkeiten es auf der Hauptschule gibt (Regelklasse - M-Klasse)
- Zugangsbedingungen für die M-Klasse kennen
- Abschlüsse an einer Hauptschule kennen
- Eigene Schullaufbahn überdenken und Weichen stellen

ARBEITSMITTEL / MEDIEN / LITERATURHINWEISE

- Folie 1 (Peter ist frustriert), Folie 2 (Tafelbild), Folie 3 (Übertrittsregelungen)
- Arbeitsblatt

TAFELBILD / FOLIEN

Wie geht es ab der 7. Klasse weiter?

1. Neue Fächer im Lernfeld AWT:

- **Wahlpflichtfächer:**
  - GtB: Gewerblich-technischer Bereich
  - HsB: Hauswirtschaftlich-sozialer Bereich
  - KtB: Kommunikationstechnischer Bereich
- **Wahlfächer:**
  - WTG: Werken und textiles Gestalten (ab 7. Klasse)
  - Informatik (ab 8 Klasse)
  - Buchführung (ab 9.Klasse)

} berufsbezogene Praxis

2. Mittlere-Reife-Zug:

- Erhöhtes Anforderungsniveau: Lerninhalte werden ausführlicher und vertiefter bearbeitet
- Höheres Arbeitstempo und mehr Selbstständigkeit der Schüler nötig
- Aufgabenstellungen sind umfassender und komplizierter

3. Abschlüsse:

- Erfolgreicher Hauptschulabschluss
- Qualifizierender Hauptschulabschluss
- Mittlerer Schulabschluss (Mittlere Reife) ➪ M-Zug

Merke:
In der Hauptschule gibt es viele unterschiedliche Möglichkeiten und Abschlüsse. Vor allem das Lernfeld AWT bereitet auf eine erfolgreiche betriebliche Ausbildung vor.

STUNDENBILD

I. Hinführung

Stummer Impuls	Folie 1	Peter SSS: Peter ist frustriert L: Gründe dafür?
Zielangabe	TA	Wie geht es ab der 7. Klasse weiter?

II. Erarbeitung

		L: Kannst du Peter etwas weiterhelfen? SSS geben bekannt, was sie alles über die 7. Klasse wissen.
	Arbeitsblatt	
		L: Peter ist in der Tat ziemlich enttäuscht und ratlos. Daher wendet er sich an seinen Lehrer, Herrn Moser. L: Über das Gespräch verrät uns ein Arbeitsblatt mehr. SSS lesen und bearbeiten Arbeitsaufträge
	TA / Folie 2	Sammeln der Lösung

III. Sicherung

	TA / Folie 2	SSS übernehmen TA / Folie 2 als Eintrag

IV. Vertiefung

LSG		L: Für die 7. Klasse musst du außerdem zwischen Kunsterziehung und Musik wählen.
	Folie 3	Übertrittsregelungen L: Peter möchte es auch im kommenden Jahr wieder mit dem M-Zug versuchen. Betrachte folgende Darstellung. SSS erkennen Übertrittsregelungen
Hinweis		L: Sämtliche Imformationen kannst du auch über die Internetrecherche erhalten, anschließend zusammenstellen und vor der Klasse präsentieren. (www.stmuk.bayern.de)

M 7:
Ø 2,33 in DEU / MAT / ENG im Zwischenzeugnis der 6. Klasse
oder
Bildungsempfehlung auf Antrag der Eltern durch die Lehrerkonferenz

M 8:
Ø 2,0 in DEU / MAT / ENG im Zwischenzeugnis der 7. Klasse
oder
Bildungsempfehlung auf Antrag der Eltern durch die Lehrerkonferenz

M 9:
Ø 2,0 in DEU / MAT / ENG im Zwischenzeugnis der 8. Klasse
oder
Bildungsempfehlung auf Antrag der Eltern durch die Lehrerkonferenz

M 10:
Ø 2,0 im Quali in DEU / MAT / ENG und Gesamtschnitt im Quali mit 2,3
oder
Aufnahmeverfahren

THEMA

Wie plant Peter sein Leben?

LERNZIELE

- Wissen, dass man Teilbereiche seines Lebens rechtzeitig planen muss
- Fähigkeit, das eigene Leben anhand vorgegebener Stichpunkte planen können
- Erkennen, welche Institutionen bei der Lebensplanung helfen können

ARBEITSMITTEL / MEDIEN / LITERATURHINWEISE

- Folie 1 (Gespräch Peter / Steffi), Folie 2 (Tafelbild), Folie 3 (Mein Weg in die Zukunft)
- Arbeitsblatt

TAFELBILD / FOLIEN

Wie plant Peter sein Leben?

Ist-Stand:

- Ich verstehe mich gut mit meinen Eltern und Freunden.
- Ich gehe gerne zur Schule.
- Fußball im Verein ist mir wichtig.
- Meine Noten in den Lernfächern könnten besser sein.

Träume:

- Ich möchte mit 16 Jahren eine feste Freundin haben.
- Ich möchte gerne Fußballprofi werden.
- Ich möchte in eine weiterführende Schule gehen.
- Ich möchte mit 18 Jahren den Führerschein und ein Auto haben.

Realität:

- Fußballprofi kann ich nicht werden, aber meinen Wunschberuf „KfZ-Mechatroniker" kann ich schaffen.
- Ich mache zuerst einmal den Mofa-Führerschein.
- Ich muss im nächsten Schuljahr vor allem in Mathematik mehr Gas geben, damit ich in eine weiterführende Schule gehen kann.

Merke:
Ich kann in meinem Leben viele Dinge planen. In jedem Fall sollte ich aber immer wieder darüber nachdenken, was ich von meinem Leben erwarte.

STUNDENBILD

I. Hinführung

Stummer Impuls	Folie 1	Gespräch Steffi und Peter SSS: Steffi und Peter unterhalten sich. Peter macht sich Gedanken über sein Leben
Zielangabe	TA	Wie plant Peter sein Leben?

II. Erarbeitung

		L: Hast du dir schon Gedanken über dein Leben gemacht?
	Arbeitsblatt	
		L: Peter hat viel nachgedacht. Was ihm so alles eingefallen ist, kannst du auf diesem Arbeitsblatt nachlesen. SSS lesen und bearbeiten Arbeitsaufträge Arbeitsauftrag 1:
	TA / Folie 2	Sammeln der Lösung

III. Sicherung

	TA / Folie 2	SSS übernehmen TA / Folie 2 als Eintrag Arbeitsauftrag 2: L: Notiere deine „Pläne“ unter den Eintrag.

IV. Vertiefung

LSG		L: Du hast dir nun viele Gedanken über dein Leben gemacht. Wer kann dir bei der Realisierung deiner nächsten Ziele helfen? SSS: Eltern, Lehrer, Freunde ... L: Und wenn es speziell auf die Berufswahl zugeht? SSS: Agentur für Arbeit, Berufsberater, Erkundungen ...
Impuls		L: Viele „Dinge“ in deinem Leben kannst du planen und selbst in die Hand nehmen. Andere nicht! SSS: Gesundheit ... L: Macht es Sinn, sich bereits jetzt Gedanken über sein zukünftiges Leben zu machen?
Zusammenfassung	Folie 3	Mein Weg in die Zukunft

AWT	Name	Klasse	Datum	Nr.

Peter hat viele Pläne für seine Zukunft. Dabei macht er sich darüber Gedanken, wie sein Leben aktuell aussieht, welche Träume er hat und was er in der nächsten Zukunft erreichen kann:
Mit meinen Eltern und Freunden verstehe ich mich sehr gut – ich hoffe, dass das auch in Zukunft so bleibt. Im Grunde gehe ich gerne zur Schule, obwohl meine Noten gerade in den Lernfächern schon besser sein könnten bzw. sollten. Auch das Fußballspielen im Verein ist mir wichtig.
In meiner Fantasie male ich mir aus, wie es ist, ein berühmter Fußballprofi zu sein. Doch als erstes möchte ich mit 16 Jahren eine feste Freundin haben, mit der man über alles reden kann. Auch würde ich gerne auf eine weiterführende Schule gehen. In jedem Fall aber träume ich vom Autoführerschein und einem eigenen Auto mit 18 Jahren.
Einige meiner Träume werden sich wohl nicht verwirklichen lassen. Fußballprofi werde ich sicherlich nicht, aber meinen Wunschberuf „KfZ-Mechatroniker" kann ich schaffen. Dafür mache ich auch einen Mofaführerschein, um mobiler zu sein und auch eine Lehrstelle annehmen zu können, die nicht im näheren Umkreis meines Wohnortes liegt.
Meine Note im Fach Mathematik muss ich aber unbedingt verbessern, um in eine weiterführende Schule gehen zu können – aber das kann ich schaffen.

Arbeitsaufträge:

1. Schreibe in Stichpunkten heraus, welche Gedanken sich Peter über sein Leben macht. Ordne dabei in drei Spalten ein:

Ist-Stand	Träume	Realität

2. Erstelle auch du einen Plan von deinem Leben. Die Tabelle kann dir helfen.

Ist-Stand	Träume	Realität
• Wie sieht dein Leben aus? • Was ist gut – was möchtest du ändern?	• Was wünscht du dir? • Was ist dein großer Traum?	• Was kannst du verwirklichen? • Was soll oder kann so bleiben? • Wie kannst du deinen Wünschen näher kommen?

Also, ich finde, wir sollten uns Gedanken über unser Leben machen, z. B. was wir erreichen wollen.
Wir kennen zwar jetzt unsere Stärken und Schwächen und wie es schulisch bei uns weitergeht, aber irgendetwas fehlt mir noch.
Peter
Steffi

Mein Weg in die Zukunft
Das sind meine Stärken.
Diese Möglichkeiten habe ich in der 7. Klasse.
Das sind meine Schwächen.
Das sind meine Ziele für das kommende Jahr.
Welche Schullaufbahnen gibt es?
So stelle ich mir mein Leben in den nächsten Jahren vor.